Uwe Schäfer

DIE THEOLOGIE DES ZIMMERMANNS

Uwe Schäfer

Die Theologie des Zimmermanns

Bibelauslegung von Jesus lernen

LEUCHTER EDITION

Leuchter Edition GmbH · Erzhausen

Umschlaggestaltung: Peter Karliczek, Schorndorf
Lektorat: Pastor K. J. Gleichmann, Euskirchen

3. Auflage September 2006

ISBN 3-87482-509-4

Die Bibelzitate sind, wenn nicht anders vermerkt,
der Schlachter-Übersetzung entnommen.

Gesamtherstellung: Schönbach-Druck GmbH, 64390 Erzhausen

Dieses Buch
widme ich meiner lieben Frau Bente,
die seit 18 Jahren
der wichtigste Mensch in meinem Leben ist.
In Worte zu fassen,
was sie mir bedeutet und was ich ihr verdanke,
sprengt den Rahmen einer Widmung bei
weitem und würde ein eigenes Buch
mit vielen Seiten füllen.

Ganz herzlichen Dank
an meine „Probeleser“ Rev. Frank Schäfer,
Pastor Friedhelm Holthuis, Pastor Andreas Warwel
und Carsten Schmelzer, deren Anmerkungen
und Kritiken mir eine große Hilfe waren.

Besonderer Dank
gebührt meinem Freund Kurt-Jürgen Gleichmann,
der dieses Buch komplett überarbeitet
und in jeder Hinsicht verfeinert
und ergänzt hat.

Inhaltsverzeichnis

Vorwort

Bei mehreren Anlässen habe ich Gemeinschaft mit Uwe Schäfer genossen, weil unsere Zeiten immer um das Wort Gottes zentriert waren. Ich habe Uwe als einen Mann kennen gelernt, der Gottes Wort liebt und offensichtlich viel Zeit verwendet zum Graben in den „unausforschlichen Reichtümern". Dies ist einer der Gründe, warum wir ihn ständig einladen, am Glaubenszentrum zu lehren.

Was für ein Segen ist es, dass er in diesem Buch einige praktische Werkzeuge verfügbar gemacht hat, die Ihnen helfen, Zeit in das beste Buch aller Bücher zu investieren! Sie werden hier simple, aber kraftvolle Wege zum Bibelstudium lernen. Der Autor hilft uns, die Bedeutung der Heiligen Schrift für uns „auszugraben". Zunächst leistet er Vorarbeit durch seine Erläuterung, warum jeder Christ unbedingt die Bibel persönlich studieren sollte. Dann zeigt er einfache Grundprinzipien der Auslegung und gibt praktische Richtlinien für deren Anwendung. So viele bizarre Dinge sind gelehrt worden, weil wohlmeinende Leute nicht lernten, „das Wort der Wahrheit rechtmäßig zu teilen"!

Wenn Sie dieses Buch lesen, hoffe ich, dass etwas von der Liebe, die Uwe für das Wort der Wahrheit hat, zu Ihnen „fließt". Also, nehmen wir unsere Werkzeuge und los an die Arbeit! Gott wird Sie segnen, während Sie sich in die Studie seines Wortes vertiefen.

Mike Chance (Glaubenszentrum Bad Gandersheim)

Vorwort des Autors

Was ich mit diesem Buch (nicht) möchte

Ich weiß sehr wohl, dass ich nicht als Erster oder am gekonntesten über biblische Theologie schreibe. Es gibt gute wissenschaftliche Arbeiten zur Hermeneutik[1], nützliche Betrachtungen über Bibelauslegung und bewundernswerte Predigtreihen. All dem will ich keinen überflüssigen weiteren Versuch hinzufügen.

Was hat mich dennoch bewogen zu schreiben?

Wer den christlichen Markt durchforstet, trifft auf viele kurz und einfach gehaltene Bücher zu einer Menge biblischer Themen. Das heißt, jeder Christ kann sich auch ohne theologische Ausbildung gut informieren und weiterbilden, was ein großer Segen ist.

Nur zum Thema, wie denn die Bibel überhaupt auszulegen sei, habe ich kaum etwas entdeckt, was jedermann zugänglich wäre. Dadurch mangelt es vielen theologischen Diskussionen auch an Seriosität: Weil man mit ganz unterschiedlichen Haltungen an die Interpretation der Bibel geht, vergleicht man dann Äpfel mit Birnen.

Der vorliegende Beitrag entspringt dem brennenden Anliegen, dass unser Umgang mit der Bibel gottgemäßer wird, gesund und für alle griffig, fürs Leben noch wesentlicher, fruchtbringender. Und dass sich darin auch ER noch wiederfindet, von dem alles ausgegangen ist: unser Herr und Retter Jesus Christus, Gottes fleischgewordenes Wort – Jesus, der Zimmermann, dessen Theologie so unerhört anders ist und anders macht. Sein Befreiungszug der Herzen darf nicht dadurch aufgehalten werden, dass wir mit Gottes lebendigem Wort steril und kalt, einseitig oder fanatisch hantieren.

Nein, an die Stelle von Richtigkeiten trete die Wahrheit; die unverständliche Abgehobenheit weiche einer kraftvollen Einfachheit, der überhitzende Eifer einer heilenden Ausgewogenheit! Kurz: Unsere Theologie samt Christenleben möge alle Merkmale tragen, die seit jeher Gütezeichen Jesu und Seiner Gemeinde sind.

Falls jemand „wissenschaftlich" lückenlose Listen aller denkbaren Alternativen, Unterthemen und Zitate vermisst, bedaure ich das. Sicher könnte man noch über sachliche Feinheiten diskutieren und mehr Quellen belegen. Doch solche Faktoren scheinen mir irrelevant für das Hauptziel, gute Werkzeuge zur Handhabung von Gottes Wort vorzulegen ...

Unser Herr segne einen jeden Leser!

Uwe Schäfer

Zurück zu den Wurzeln

Das Christentum begann alles andere als unter günstigen Bedingungen.

Eine hochschwangere Frau und ihr Verlobter sehen sich mit einer zeitweiligen Obdachlosigkeit konfrontiert, und ausgerechnet dann kommt das Baby. Sie finden notdürftige Zuflucht in einem Stall, und dort wird Jesus Christus geboren.

Über seinem Leben lag ein Anschein von sexueller Sünde, da seine Eltern noch nicht verheiratet waren, ein schwerwiegender Makel in der jüdischen Gesellschaft.

Im Tempel weihten sie ihren Erstgeborenen Gott und brachten für ihn nach Moses Gesetz zwei Tauben – das Opfer der Armen.

Es folgten Jahre als Asylanten in Ägypten.

Dann kam die Zeit der Berufsausbildung – nicht als Schriftgelehrter, sondern als Zimmermann im Betrieb des Vaters.

Welcher Romanschreiber hätte so den Werdegang eines großen Religionsgründers erdichtet?

Mit 30 Jahren beginnt Jesus seinen öffentlichen Verkündigungsdienst. Die Leute können kaum glauben, was dieser „Nichttheologe“ (nach allgemeinen Kriterien) zu sagen hat. Ohne anerkanntes Studium unter einem bedeutenden Rabbi trat hier ein Mann auf, der etwas so Wichtiges wie Theologie nicht den Profis und ihrem Fachchinesisch überließ, sondern glaubte, dass Gottes

Wahrheit von jedem Menschen gehandhabt und gewichtet werden sollte.

Und es begab sich,
als Jesus diese Rede beendet hatte,
entsetzte sich das Volk über seine Lehre.
Denn er lehrte sie wie einer,
der Vollmacht hat,
und nicht wie ihre Schriftgelehrten.
(Matthäus 7,28-29)

Dabei stand Jesus den „Profi-Theologen" in nichts nach. Großartig, wie er biblisch argumentierte! Ist es nicht zum Schmunzeln, wenn der Zimmermann die Schriftgelehrten fragt: „Habt ihr Folgendes schon mal in der Bibel gelesen ...?"

Und Jesus antwortete
und sprach zu ihnen: Habt ihr das nie gelesen,
was David tat ...?
(Lukas 6,3)

Beide theologischen Lager, Pharisäer wie Sadduzäer, hatten der Theologie Jesu nichts entgegenzusetzen.

Als nun die Pharisäer hörten,
dass er den Sadduzäern den Mund gestopft,
versammelten sie sich;
und einer von ihnen, ein Schriftgelehrter,
versuchte ihn und sprach ...
(Matthäus 22,34-35)

Und niemand konnte ihm ein Wort antworten.
Auch unterstand sich von jenem Tage
an niemand mehr, ihn zu fragen.
(Matthäus 22,46)

In eben dieser Schule Jesu lebten auch seine frühen Jünger, die Urgemeinde, nachdem Jesus zum Vater zurückgekehrt war. Das, was am Herrn selbst immer wieder auffiel, erstaunte nun auch bei seiner Kirche.

Als sie aber die Freimütigkeit
des Petrus und Johannes sahen und erfuhren,
dass sie ungelehrte Leute und Laien seien,
verwunderten sie sich und erkannten sie,
dass sie mit Jesus gewesen waren.
(Apostelgeschichte 4,13)

Für die Vertreter klassischer Theologie galten sie als „Ungelehrte und Laien". In Wahrheit aber waren sie Gesandte (Apostel) des menschgewordenen Gottes, die seine Botschaft weitergaben und in deren Glauben wir heute noch stehen, während die Theologie der Pharisäer und Sadduzäer längst ausgestorben ist!

Das Christentum im ersten Jahrhundert war bekannt als Religion der Sklaven, Armen und Unterprivilegierten. Anscheinend gesellten sich nur wenige hochgestellte Persönlichkeiten dazu, wohl aus ähnlichen Gründen wie schon bei Jesu Dienst.

Doch glaubten sogar
von den Obersten viele an ihn,
aber wegen der Pharisäer bekannten sie es nicht,
damit sie nicht von der Synagoge
ausgestoßen würden. Denn die Ehre der Menschen
war ihnen lieber als die Ehre Gottes.
(Johannes 12,42-43)

Seht doch nur euren Stand an:
nach irdischem Maßstab (sind es) nicht viele
Gebildete, Mächtige oder Vornehme.
(1. Korinther 1,26)[2]

Das sind unsere Wurzeln, auf die es sich zu besinnen gilt!

Mein Beitrag plädiert keinesfalls für theologische Ausbildungsfeindlichkeit. Die Bibel enthält viele Aufforderungen an die Gläubigen, sich mit allem Fleiß dem Studium der Heiligen Schrift hinzugeben. Wohl aber plädiere ich dafür, unser gottgegebenes Erbe verstärkt anzutreten, nämlich eine Gemeinde des allgemeinen Priestertums zu sein (vgl. 1. Petrus 2,9; Offenbarung 1,5-6). Wir dürfen es weder in unseren Lehren noch in unserer Praxis zulassen, dass zwischen Laien und dem Klerus (Theologie-Profis) getrennt wird. Wir alle sind gerufen, Jesus nachzufolgen, und sollten von ihm lernen, gute Theologen zu sein![3]

Das steht selbstverständlich nicht im Widerspruch zu der Tatsache, dass es von Gott geschenkte Dienste am Wort Gottes gibt.

Er hat gegeben etliche zu Aposteln,
etliche zu Propheten, etliche zu Evangelisten,
etliche zu Hirten und Lehrern ...
(Epheser 4,11)

Doch diese Geschenke Jesu an seine Gemeinde haben eben nicht zum Ziel, die „Normalgläubigen“ als eine Art „Predigtopfer“ von den „Predigthaltern“ abzusondern, sondern sie zur Reife zu führen, auch in Bezug auf theologische Kenntnis.

... um die Heiligen zuzurüsten für das
Werk des Dienstes, zur Erbauung des Leibes Christi,
bis dass wir alle zur Einheit des Glaubens
und der Erkenntnis des Sohnes Gottes
gelangen und zum vollkommenen Menschen[4] *werden,*
zum Maße der vollen Größe Christi;
damit wir nicht mehr Unmündige seien,

umhergeworfen und herumgetrieben
von jedem Wind der Lehre, durch die Spielerei
der Menschen, durch die Schlauheit,
mit der sie zum Irrtum verführen ...
(Verse 11-14)

Mit Hilfe der genannten 5-fachen Gottesgabe soll also kein Gläubiger mehr unmündig sein, sondern wie sein Herr den Lehrströmungen die Stirn bieten und mutig argumentieren lernen.

Im Folgenden werden wir uns mit Jesu Art der Schriftauslegung befassen und ihm darin folgen. Es gibt wohl, theologisch gesehen, nichts, was wir von Jesus nicht lernen könnten.

Nachdem Gott vor Zeiten
manchmal und auf mancherlei Weise zu den Vätern
geredet hat durch die Propheten,
hat er zuletzt in diesen Tagen zu uns
geredet durch den Sohn.
(Hebräer 1,1)

„Er hat zuletzt geredet" ist zu verstehen im Sinne einer endgültig abgeschlossenen Offenbarung. Danach folgen nur noch bestätigende und entfaltende Worte. Jesus aber ist Gottes vollkommene Offenbarung, und in dieser Offenbarung dürfen wir leben.

Werden wir endlich wieder die Kirche des Zimmermanns, die anschaulich statt mit komplizierten Formeln Gottes ewige Wahrheit lehrt und lebt, eben genau wie ihr Herr!

Wozu Theologie?

Manchmal hörte ich Christen sagen: „Wir brauchen keine Theologie, wir haben doch die Bibel, und die muss man nur lesen und befolgen!“ Ich sehe darin eine gefährliche Vereinfachung. O ja, die Bibel ist Gottes Wort. Aber es bleibt die Frage nach der Art und Weise, wie wir sie verstehen dürfen. Deshalb brauchen wir gute „Theologie“ (griechisch „Gotteslehre“), welche die Bibel Gott gemäß interpretiert.

Gib dir Mühe,
dich Gott als bewährt zu erweisen,
als einen Arbeiter, der sich nicht zu schämen braucht,
der das Wort der Wahrheit richtig behandelt.
(2. Timotheus 2,15)

Dies ist eine schöne Definition für unseren Begriff „Theologie“. Das Wort der Wahrheit will „richtig behandelt“ werden, was im Umkehrschluss bedeutet, dass man die Bibel auch durchaus falsch behandeln kann!

Noch wörtlicher übersetzt, soll ein Arbeiter des Herrn „das Wort der Wahrheit gerade schneiden“ (orthotomeo). Das bringt uns zu einem sehr interessanten Bild: Der Begriff „ortho-tomeo“ wurde nämlich auch in der Forstwirtschaft benutzt, wenn man gerade Wege durch ein Waldgebiet baute, etwa zur Vermeidung von Reise-Umwegen. Welch schöner Vergleich! Die Bibel ist also wie ein wunderbarer Wald; um ihn zugänglich zu machen, müssen Wege gebaut werden, durch die wir erst in den Genuss des Waldes kommen.

Ein Wald birgt ja auch Gefahren. Man kann vom Wege abkommen, sich verlaufen oder in einen Sumpf geraten. Schon mancher Christ ist vom Weg abgekommen und in diversen Sümpfen der Irrlehre stecken geblieben.

Bei dieser Illustration bleibend, könnte man folgern: Quer durch den „Wald" Bibel führen hilfreiche Wege.

Zunächst einmal gibt es da eine Hauptstraße, nämlich unser Glaubensbekenntnis.

Glaubensbekenntnisse sind keine langen dogmatischen Abhandlungen, sondern eher prägnante Zusammenfassungen. Schon früh in der Kirchengeschichte empfanden Christen es als wichtig, ihren Glauben in Bekenntnisse zu fassen. Eines, das viele Christen gemeinsam vertreten, egal, ob sie einen freikirchlichen oder landeskirchlichen Hintergrund haben, ist das *Apostolische Glaubensbekenntnis:*

„Ich glaube an Gott, den Vater,
den Allmächtigen,
Schöpfer Himmels und der Erde.
Und an Jesus Christus,
seinen einziggeborenen Sohn,
unseren Herrn,
empfangen vom Heiligen Geist,
geboren von der Jungfrau Maria,
gelitten unter Pontius Pilatus,
gekreuzigt, gestorben und begraben,
hinabgestiegen ins Todesreich,
aufgestiegen zum Himmel.
sitzend zur Rechten Gottes,
des allmächtigen Vaters,
von wo er kommen wird,

zu richten die Lebenden und die Toten.
Ich glaube an den Heiligen Geist,
die heilige umfassende Kirche,
Gemeinschaft der Heiligen,
Vergebung der Sünden,
Auferstehung der Toten
und das ewige Leben."[5]

Dieses „Apostolikum" hat als ein schönes, zentrales Stück Theologie manches zur Einheit des Glaubens beigetragen. Es ist eben wie eine Hauptstraße mitten durch den Wald. Viele Aspekte werden dort nicht berücksichtigt und von Christen unterschiedlich ausgelegt. Das sind dann die theologischen Nebenwege, die tiefer in den Wald hineinführen.

Die Tauffrage beispielsweise ist hier nicht angesprochen. An dieser wichtigen Nebenstrecke haben Täuferbewegungen durch die Jahrhunderte immer neu gearbeitet, viele um den Preis ihres Lebens.

Die Pfingstbewegung machte sich seit Anfang des 20. Jahrhunderts verdient um ein Ausfüllen des dritten Bekenntnisartikels: „Ich glaube an den Heiligen Geist."

Und so könnte ich noch viele andere, hier nicht abgedeckte Aspekte nennen, die auch von jenem Hauptweg abzweigen und „gerade zu schneiden" sind.

Es gibt also einen klaren Bedarf für Theologie. Nur soll es eine Theologie im Sinne Christi sein! Er ist „das letzte Reden Gottes", der Stifter unseres Heils und Glaubens, unser „Vorbildtheologe". Ihm dürfen wir nacheifern.

Um in seinem Sinne Theologie zu betreiben, muss man nicht überdurchschnittlich „intelligent" oder gebildet sein. Man braucht „nur" ein aufrichtiges Herz, Hunger nach Gottes Wahrheit und ein paar Werkzeuge, die wir dem Leben Christi entnehmen können.

In den folgenden Kapiteln lege ich uns fünf theologische Prinzipien aus Jesu Leben ans Herz. Wenn wir auf diese Leitlinien so Acht haben wie ein Zimmermann auf den Erhalt seiner fünf Finger, sind wir auf einem sicheren Weg durch unseren schönen Wald der Offenbarungen Gottes.

Eine Hand kann ja nur dann richtig zupacken, wenn alle fünf Finger eingesetzt werden. Der Verlust jedes einzelnen Fingers schwächt die Effektivität der ganzen Hand. Ähnlich verlieren wir unseren theologischen Griff, je weniger wir alle fünf Prinzipien einsetzen.

Mit anderen Worten: Wenn ich eins der fünf Prinzipien anwende, ohne auch die übrigen vier im Auge zu haben, kann es sein, dass ich doch der Heiligen Schrift Gewalt antue und zu falschen Resultaten komme.

Lernen wir also, im Sinne des Zimmermanns gute Theologie zu „schreinern"!

Es ist für den Jünger genug,
dass er sei wie sein Meister.
(Matthäus 10,25)[6]

PRINZIP
1

Alle Theologie ist Stückwerk und bedarf der Ergänzung

Selbst Jesus lernte von anderen

Jesus, so sagten wir bereits, ist unser großes Vorbild; ihm gemäß gehen wir auch in unseren theologischen Bemühungen vor.

Vielleicht könnte an dieser Stelle der Einwand kommen, dass Jesus schließlich Gott war und allein damit erklärt sei, warum er solch ein brillanter Bibelausleger war.

Doch wir dürfen das Geheimnis nicht aus den Augen verlieren, dass Jesus sowohl 100 Prozent Gott als auch 100 Prozent Mensch war. Philipper 2,6-7 zeigt uns, wie Jesus eben nicht daran festhielt, Gott gleich zu sein, sondern sich „entäußerte“[7], d. h. seine göttliche Überlegenheit ablegte und zu uns kam. Wäre er als „allmächtiger Gott auf Erdeinsatz“ aufgetreten, so wäre seine Menschwerdung unglaubwürdig und sein Vorbild für immer unerreichbar.

Nein, sein theologisches Denken war nicht etwas „übernatürlich Verliehenes“, sondern etwas, worin er reifte und wuchs.

Der Bericht über seinen Tempelbesuch als Zwölfjähriger bestätigt uns dies.

Und es begab sich,
nach drei Tagen fanden sie ihn im Tempel sitzend
mitten unter den Lehrern,
wie er ihnen zuhörte und sie fragte.
(Lukas 2,46)

Schon als junger Mensch, hier wohl Handwerker-Azubi, war Jesus also auf der Suche nach göttlicher Wahrheit! [8] Auch wenn damals „alle über seinen Verstand und seine Antworten" aus dem Häuschen gerieten (Vers 47), hatte es Jesus doch nötig, andern Menschen sowohl Fragen zu stellen als auch zuzuhören und so in seinem Verständnis der Dinge Gottes zu wachsen.

Und Jesus nahm zu an Weisheit,
Alter und Gnade bei Gott und den Menschen.
(Lukas 2,52)

Gottes Weisheit ist immer vollkommen; er hat nichts mehr „dazuzulernen"[9]. Der Mensch hingegen, der sich nach göttlicher Weisheit ausstreckt, muss in sie hineinwachsen und darin zunehmen. Dabei hat er es nötig, sich von andern Menschen ergänzen zu lassen. Auch hier war Jesus offensichtlich ganz Mensch. Nicht zufällig sehen wir auch, wie er später seine Jünger immer zu zweit auf Missionsreise schickt: warum, wenn nicht zur gegenseitigen Ergänzung?

Manche Christen glauben, es sei erstrebenswert, möglichst unabhängig von anderen Gläubigen zu sein. Sie sagen Dinge wie: „Ich will nicht auf den Arm des Fleisches vertrauen!", oder: „Das mache ich mit Gott allein aus!"

Natürlich gibt es die Gefahr, dass andere Personen den Platz Gottes in meinem Leben einnehmen, und das wäre nicht gut.

Auf der andern Seite will aber Gott bei uns genauso wenig den Platz von Mitmenschen einnehmen. Menschliche Gemeinschaft und Ergänzung sind nicht ein Merkmal von Sündhaftigkeit, sondern perfekte Schöpfungsordnung! Gott schuf den Menschen als sein Gegenüber, um mit ihm Gemeinschaft zu haben. Doch noch bevor die Sünde in die Welt drang, erkannte Gott:

Es ist nicht gut,
dass der Mensch allein sei!
(1. Mose 2,18) [10]

Botschaft an die Korinther: Wir alle brauchen Ergänzung

Die Korinther-Gemeinde war wohl weit davon entfernt, eine Vorbildkirche des ersten Jahrhunderts zu sein. Paulus schrieb Briefe an sie, um vieles, was im Argen lag, zu korrigieren [11]. Ein heilsamer Wert, den er besonders im 1. Korintherbrief betont, ist die Lehre von Ergänzung.

Ein Problem der Korinther war, dass sie keine Einheit in der Gemeinde hatten, sondern zerstritten und in verschiedene Lager zerteilt waren. Warum? Man identifizierte sich mit einem Wortverkündiger so sehr, dass man meinte, keinem weiteren mehr Gehör schenken zu müssen. Jeder richtete seine Theologie ganz nach seinem Lieblingsprediger aus. Man spielte sozusagen einen von Gott geschenkten Dienst gegen den anderen aus. Hören wir die Antwort des Apostels:

So brüste sich nun niemand mit Menschen;
denn alles ist euer! Es sei Paulus oder Apollos,
Kephas oder die Welt, das Leben
oder der Tod, das Gegenwärtige oder das Zukünftige:
alles ist euer; ihr aber seid Christi,
Christus aber ist Gottes.
(1. Korinther 3,21-23)

Paulus entlarvt die gefährliche Lüge, man müsse sich zwischen diesen Lehrern entscheiden. Es gibt hier kein „Entweder-oder", sondern ein „Sowohl-als-auch". Keiner von uns hat die Wahrheit gepachtet, wir alle sind ein ganzer Beitrag, aber keiner ist das Ganze. Dies von Herzen verstanden zu haben, ist ein wesentlicher Schlüssel zu guter Theologie. Man könnte es so ausdrücken: Wir betreiben Theologie als Mannschafts- und nicht als Einzelsport!

Alles ist unser. Wir brauchen uns nicht zwischen Progressiv und Konservativ, zwischen Charismatisch und Evangelikal oder irgendwelchen anderen Klischees zu entscheiden, sondern dürfen uns durch alles bereichern und beschenken lassen; wobei wir auch lernen, das Gute vom weniger Guten zu trennen. Was für prophetische Rede gilt, stimmt auch im Umgang mit Theologie:

Prüft aber alles, das Gute behaltet!
(1. Thessalonicher 5,21)

Bei manchen Christen ist nämlich zu beobachten, wie sie Fans einer bestimmten theologischen Richtung werden. Sie hören nur noch Predigten, lesen nur noch Bücher und besuchen nur noch Seminare, die in „ihre" spezifische Färbung passen. Begründet wird solche Unausgewogenheit mit Schlagworten wie: „Das ist jetzt dran", „Das ist eine neue Welle des Geistes" oder „Dies ist das neue Reden Gottes".

Ich glaube zwar daran, dass Gott zu bestimmten Zeiten gewisse Wahrheitsbereiche besonders betont haben möchte. So ist es durchaus wichtig, die Ohren unseres Herzens offen zu haben und zu hören, was der Geist der Gemeinde gerade sagt (Offenbarung 2,7 u. a.). Doch kann es nicht seine Absicht sein, dies auf Kosten einer Einbettung in das Gesamtzeugnis der Schrift zu tun. Auch in Zeiten prophetischer Betonungen, für die ich Gott danke, bleibt der Grundsatz bestehen:

... dass der Mensch nicht vom Brot allein lebt,
sondern dass er von allem dem lebt,
was aus dem Munde des HERRN geht.
(5. Mose 8,3)

Auch wurde in den letzten Jahren immer wieder stark betont, dass eine Gemeinde Einheit braucht, gerade bezüglich ihrer theologischen Ausrichtung.

Das ist und bleibt wahr. Es macht einfach keinen Sinn, sich einer Baptistengemeinde anzuschließen, wenn man doch die Glaubenstaufe ablehnt. Oder wer will schon Mitglied einer Pfingstgemeinde werden, ohne an die Realität von Geistesgaben zu glauben? Natürlich braucht jede Gemeinde ein Glaubensbekenntnis, das ihr eine gewisse theologische Identität verleiht und auch als verbindlich gilt.

Auf der andern Seite brauchen wir aber auch gewisse Freiräume, wo Einheit eben nicht Uniformität bedeutet, sondern in vielfältiger Ergänzung [12] möglich wird! Es ist nicht gut, wenn immer nur der eine Prediger eine Gruppe prägt, ohne sich von andern ergänzen zu lassen. Und wenn dann seine Bibelauslegung nicht einmal hinterfragt werden darf, sondern man schnell zu verstehen bekommt, man habe den Gesalbten des Herrn angetastet, ist die Gemeinde auf einem ungesunden Weg.

Ich bin dankbar, selbst zu einer Gemeindebewegung

gehören zu dürfen, die einen gewissen theologischen Pluralismus zulässt und will. Jede neue oder alte Lehrbetonung, die unser Land beschäftigt, wird bei uns kontrovers diskutiert, wobei immer Befürworter wie auch Skeptiker da sind. Sowohl liberalere als auch orthodoxe Beiträge, sowohl charismatisch überschäumende als auch intellektuell abwägende Reden haben dort ihren Platz und finden Gehör. Das habe ich als sehr wertvoll zu schätzen gelernt. Demütig dem andern zuzuhören und festzustellen, dass er um die Wahrheit genauso ringt wie man selbst, und seinen Beitrag wohlwollend zu hören, ist sehr hilfreich. In so einem Umfeld entsteht viel Sicherheit, und die Gefahr, in einseitige oder extreme Lehre abzugleiten, ist minimiert.

Jedem ernsthaften Nachfolger Jesu sollte Ergänzung also ein heiliges Anliegen sein, auch als gelebtes Zeugnis, dass all unsere Theologie auf Erden Stückwerk bleibt und erst im Himmel vollkommen wird.

Wir sehen jetzt durch einen Spiegel[13]
wie im Rätsel, dann aber von Angesicht zu Angesicht;
jetzt erkenne ich stückweise,
dann aber werde ich erkennen,
gleichwie ich erkannt bin.
(1. Korinther 13,12)

Das Auge kann nicht zur Hand sagen:
Ich bedarf deiner nicht, oder das Haupt zu den
Füßen: Ich bedarf euer nicht!
(1. Korinther 12,21)

PRINZIP

2

Die Bibel mit der Bibel auslegen

Eine überaus wichtige Regel, wenn wir gute Theologie wollen! Auch diesen Ansatz können wir im Leben Jesu klar erkennen. Nehmen wir zum Beispiel sein Gespräch mit dem Versucher in der Wüste, als dieser mit einer Bibelstelle argumentiert. Für viele Christen wäre hier das Ende allen Widerspruchs gekommen. Immerhin hat man es mit Gottes Wort zu tun, und das darf nicht angefochten werden. Jesus tut es auch nicht. Doch er widersteht Satan mit einem Satz, von dem ich mir wünschte, er würde Standard für alle theologische Arbeit:

Wiederum steht geschrieben ...! (Matthäus 4,7)

Der Fall „Ährenlese"

Als gutes Beispiel für das genannte Prinzip schauen wir uns eine der vielen Auseinandersetzungen zwischen Jesus und gewissen Schriftgelehrten an.

Zu jener Zeit ging Jesus am Sabbat
durch die Saaten; seine Jünger aber hungerten
und fingen an, Ähren abzustreifen und zu essen.

Als aber das die Pharisäer sahen,
sprachen sie zu ihm: Siehe, deine Jünger tun,
was am Sabbat zu tun nicht erlaubt ist!
Er aber sagte zu ihnen:
Habt ihr nicht gelesen, was David tat,
als ihn und seine Gefährten hungerte?
Wie er in das Haus Gottes
hineinging und sie die Schaubrote aßen,
welche weder er noch seine Gefährten essen durften,
sondern allein die Priester?
Oder habt ihr nicht im Gesetz gelesen,
dass am Sabbat die Priester im Tempel den Sabbat
entweihen und doch ohne Schuld sind?
Ich sage euch aber:
Hier ist ein Größerer als der Tempel!
Wenn ihr aber wüsstet, was das heißt:
„Ich will Barmherzigkeit und nicht Opfer",
so hättet ihr die Unschuldigen nicht verurteilt.
(Matthäus 12,1-7)

Was war so ungesetzlich am Handeln der Jünger?

Der Vorwurf kam sicher nicht wegen Diebstahls, denn das Gesetz erlaubte grundsätzlich jedem, seinen Hunger auch auf dem Feld eines anderen zu stillen.[14] Nein, die Empörung berief sich darauf, dass am Sabbat die Arbeit, also auch Erntearbeit, verboten war (2. Mose 20,10; 31,14). Jene Schriftstelle bezogen die Pharisäer nämlich nicht nur auf das normale, systematische Abernten eines Feldes, sondern auch auf den hungrigen Wanderer, der einige Ähren abriss und aß. Mit dieser theologischen Sicht konfrontierten sie unseren Herrn.

Wie reagierte Jesus darauf?

Zunächst wieder so, dass er keiner Bibelstelle ihre Glaubwürdigkeit absprach. Jesus hat den alttestamentlichen Kanon (Zusammenstellung) der Heiligen Schrift hundertprozentig als von Gott inspiriert angesehen, respektiert und behandelt. Auch das dürfen sich alle ernsthaften Theologen gebührend zu Herzen nehmen. *Unser* Bekenntnis sollte mit *seinem* übereinstimmen, wenn er sagt:

... die Schrift kann doch nicht aufgehoben werden ...
(Johannes 10,35)

Etwas anderes aber tat Jesus sehr wohl: Er stellte die Theologie der Schriftgelehrten, also ihre Interpretation, in Frage, indem er sie darauf hinwies, nicht alle relevanten Textstellen berücksichtigt zu haben und so zu falschen Resultaten gekommen zu sein. Jesus argumentiert im Geiste von „Wiederum steht geschrieben", indem er drei Schriftstellen zitiert:

Die erste Textstelle, ein Bericht aus Davids Leben, beweist, dass es im Notfall Ausnahmen vom Gesetz geben darf (1. Samuel 21,1-6).

Die zweite belegt, dass Priester am Sabbat, wo noch mehr Opfer zu bringen waren, sogar noch härter arbeiten mussten, ohne damit zu sündigen (4. Mose 28,9-10). Also wieder eine Ausnahme.

Die dritte Bibelstelle, ein Zitat aus den Propheten, klärt, dass es Gott viel mehr um Inhalte, in diesem Fall um Barmherzigkeit, geht als um das stupide Erfüllen eines religiösen Ritus (Hosea 6,6).[15]

Es ist also nicht damit getan, eine einzelne Bibelstelle als unwidersprechbar in den Raum zu stellen. Um an Gottes Wahrheit zu kommen, müssen wir alle Bibelstellen zu einem Thema heranziehen und in Harmonie miteinander bringen. Wir dürfen nicht eine Wahrheitsebene gegen die andere ausspielen, sondern müssen lernen, gesamtbiblisch zu denken. Nur wenn alle Aspekte beleuchtet wurden, sind wir der Wahrheit nahe. Nicht einzelne Summanden, sondern die Summe aller Bibelbefunde ergibt Gottes Wahrheit!

Die Summe Deines Wortes ist Wahrheit.
(Psalm 119,160)

Wert der biblischen Grundsprachen

Die meisten Christen haben keinen großen Zugang zu den griechischen und hebräischen Grundtexten der Bibel. Diese können aber durchaus hilfreich sein bei unserer Arbeit am Wort Gottes[16]. Es gibt ja einige gute Nachschlagewerke wie z. B. „Strongs Konkordanz" oder „Elberfelder Neues Testament mit sprachlichem Schlüssel", und davon sollten wir Gebrauch machen.

Andererseits ist es höchst bedenklich, allein aus Bedeutungsvarianten von Grundtextwörtern biblische Lehren aufstellen zu wollen, zu denen wir nicht gelangt wären, hätten wir einfach nur die Schrift mit der Schrift ausgelegt. Wenn wir dies zuerst tun, bringt uns das Nachschauen im Grundtext eine umso effektivere Bestätigung, Verfeinerung und Anwendung.

Gott sei Dank steht uns ja im Deutschen eine große Fülle von Bibelübersetzungen zur Verfügung, und wer des Englischen mächtig ist, hat weitere Möglichkeiten. Die Arbeit mit mehreren Übersetzungen ist immer anzuraten.

Jedenfalls aber sollten Prediger nicht zu oft sagen: „Hier ist leider falsch übersetzt worden, und es müsste eigentlich heißen ...!" Wer dies fortwährend tut, untergräbt das Vertrauen der Zuhörer in ihre Bibelübersetzungen und riskiert, dass die Haltung entsteht: „Wenn man der deutschen Bibel nicht trauen kann, wozu sollte ich sie lesen und mich mit ihr auseinandersetzen? Dann warte ich lieber auf den Gottesdienst, wo mir die Profis sagen, wie es eigentlich heißen müsste!"

Das wäre kirchengeschichtlich ein Riesenschritt nach hinten, weg vom allgemeinen Priestertum der Gläubigen. Besser wäre daher eine Formulierung wie: „An dieser Stelle könnte auch so und so übersetzt werden, wie wir es in der XYZ-Version finden ..." Denn alles, was uns Gottes Wort lehren will, ist mit den erhältlichen Bibelübersetzungen belegbar, wenn wir die Schrift mit der Schrift auslegen.

Bestätigung durch zwei oder drei Zeugen

Wenn wir die Bibel mit der Bibel auslegen, müssen wir also darauf achten, dass wir alle ergänzenden, aber auch bestätigenden Schriftbefunde zu Rate ziehen. Im Alten Testament (AT) sehen wir ein Gesetz, von dem wir lernen wollen:

Auf der Aussage
von zwei oder drei Zeugen soll jede Sache beruhen.
(5. Mose 19,15)

Was geschrieben steht im Zusammenhang mit irdischem Recht, ist auch ein guter Rat für den Umgang mit der Bibel. Denn wie jeder von uns Ergänzung braucht, so ergänzen sich auch die Schreiber der Bibel in erstaunlicher Art und Weise. Darum sollten wir kein starkes Dogma aus etwas machen, was nur auf einer einzelnen Bibelstelle beruht. Auch dieser Ansatz birgt große *Sicherheit* in sich.

Die Liebe Gottes, die jungfräuliche Geburt Jesu, die Erlösung am Kreuz, Taufe, Abendmahl, Ethik und viele andere Lehren finden sich wieder und wieder in der Schrift bestätigt.

Hingegen sind Aussagen wie Taufe für Verstorbene (1. Korinther 15,29), Kopfbedeckungspflicht für Frauen in der Versammlung (1. Korinther 11) und andere schon deshalb nicht dogmatisierbar, weil sie ohne Bestätigung von zwei oder drei Zeugen dastehen.

Das heißt natürlich nicht, dass eine Einzelaussage der Bibel keine Wahrheit enthalten kann. Nur muss ich jedem die Freiheit einräumen, sie anders als ich zu sehen und zu verstehen.[17]

Bei manchen Lehrgebilden sollen Christen in einem Sinn zusammenstehen und Gleiches bekennen, erst recht wenn sie derselben Gemeinde angehören. Aber in Nebenaspekten kann und soll es auch unterschiedliche Standpunkte geben dürfen:

Im Wesentlichen Einheit,
im Zweifelhaften Freiheit, in allem aber Liebe!
(Augustinus)[18]

Ein anderer Vorteil dieser Auslegungsregel ist, dass auch der Bibelleser, der keinen großen Zugang zu biblisch-historischen Hintergründen hat, *unterscheiden* lernt zwischen Lehren, die als universelle Wahrheit verbindlich gelten, und Nebengleisen, die eben nicht durch andere Worte gedeckt sind.

Viele Historiker haben sich z. B. um den Nachweis bemüht, warum jene Aufforderung an die Korinther zur Kopfbedeckung der Frau eben nur auf dem gegebenen kulturellen Hintergrund Gültigkeit hat. Wer aber darauf achtet, die Bibel mit der Bibel auszulegen, auch hinsichtlich Bestätigung von zwei oder drei Zeugen, der ist mit einfacheren Mitteln zum gleichen Resultat gelangt.

Die Wahrheitsspannungen der Bibel

Kritiker sagen, die Bibel sei voller Widersprüche. Bibeltreue Christen, für die das Wort Gottes unantastbar ist, reagieren empört und bestreiten dies, oft jedoch, ohne manchen scheinbaren Widerspruch seriös erklären zu können.

Die Bibel beleuchtet viele Seiten der Wahrheit. Sie ist ja kein systematisches Werk[19], das zu jedem Wahrheitsbereich ein Kapitel „von der Stange“ anzubieten hätte. Vielmehr besteht sie aus einer Sammlung von Büchern, die Gedichte, Briefe, Erzählung, Prophetie, Lieder und dogmatische Abhandlungen enthalten. Gerade aus dieser Fülle begründet sich ja die Notwendigkeit, sie theologisch seriös auszulegen!

Was manchem in der Bibel als Widerspruch erscheinen mag, bildet meist mehrere Seiten derselben Wahrheit. Diese sind wie „Pole“, die uns als Christen in jeder Situation helfen sollen, uns richtig zu orientieren. Ich möchte dies an einem klassischen Fall verdeutlichen:

Beispiel: Vorherbestimmung Gottes und freier Menschenwille

Es gibt eine Diskussion, die so alt ist wie die Kirche Jesu, und zwar darüber, ob jedes Detail unseres Lebens von Gott festgelegt, „prädestiniert“ wurde oder ob sich alles danach richtet, ob der Mensch den von Gott erhaltenen freien Willen dazu einsetzt, das Richtige zu tun, z. B. sich zu bekehren.

Beide Wahrheitsflügel finden wir in der Heiligen Schrift reichlich bezeugt. Jeder für sich allein aber führt, wenn man den andern verschweigt, zu gefährlichen Extremen und einem furchtbaren Dilemma.

Nehmen wir einmal an, Gott hätte alles vorherbestimmt, auch wer einmal seine Ewigkeit im Himmel und wer sie in der Hölle verbringen wird, im Sinne eines unausweichlichen Schicksals, dem der Mensch nicht entgehen kann. Dann wäre Gott zwar nicht zu verurteilen, wenn er den Sünder zur Hölle schickt. Denn der Mensch wählte ja in Adam[20] die Sünde, entgegen dem erklärten

Gebot Gottes (vorausgesetzt, dieser Vorgang war nicht auch prädestiniert). Doch andere Anklagepunkte entstünden unausweichlich.

Wenn nämlich Gott nur die Menschen rettet, die er zum Heil vorherbestimmt hat, andere aber zur Hölle fahren lässt, ohne ihnen die gleiche Gnade zuteil werden zu lassen, obwohl er das gekonnt hätte, wäre das ein Akt grausamer Willkür. Es ergäbe den Tatbestand der unterlassenen Hilfeleistung, die schon in unserer menschlichen Gesellschaft zu Recht als unmoralisch und strafbar eingestuft ist. Außerdem würde er sich größerer Heuchelei als je ein Pharisäer schuldig machen, wenn er gleichzeitig in seinem Wort immer wieder beteuert, wie sehr er die Menschen liebt und will, dass allen geholfen werde. Dass diese einseitige Auffassung von Prädestination nicht alles kann, liegt wohl auf der Hand.

Nun zur andern Seite der Wahrheit: Wenn es umgekehrt so wäre, dass alles vom Menschen abhängt, wäre Gott nicht besonders souverän. Es würde erscheinen, als rutschte er nervös auf seinem Thron hin und her, sich fragend, wann endlich seine Kinder erwachen und es mit seinem Reich auf Erden etwas vorwärts geht. Wie könnte ich es wagen, noch in Urlaub zu fahren oder den Rasen vor dem Haus zu mähen, wo doch Menschen verloren gehen und nur ich etwas dagegen tun kann? Die Hölle wäre voller Menschen, die nur aufgrund des Versagens von Gläubigen, die ihnen das Evangelium nicht gesagt haben, auf ewig verloren wären. Alle Christen müssten sich so einem heillosen Aktionismus hingeben und hätten doch nie genug getan. Auch dieses Extrem ist nicht die biblische Mitte!

Ich habe lange mit diesen beiden Seiten biblischer Wahrheit gerungen, bis ich zu dem Schluss kam, dass bei Gott wohl manches gleichzeitig wahr sein kann, was sich für meine menschliche Logik ausschließt. Deshalb kann Theologie nicht zum Ziel haben, immer und auf alles Antworten finden zu müssen. Wie auch könnte mein Hirn, das nach 80 oder 90 Jahren sterben muss, Gottes Ewigkeit ganz ergreifen wollen?

Dieser Gedanke bringt Demut[21] in unsere Theologie und führt uns erneut zu der Tatsache, dass alle Erkenntnis auf Erden Stückwerk bleiben wird (1. Korinther 13,12).

Haben wir nicht gelernt, die Wahrheitsspannung letztendlich zu akzeptieren, dass Gott gleichzeitig sowohl 1 ist als auch 3? Oder dass Jesus Christus gleichzeitig Gott und Mensch war?

So glaube ich auch, was uns die Bibel in Bezug auf die Souveränität Gottes und die Verantwortlichkeit des Menschen offenbart. Nämlich, dass Gott allmächtig auf seinem Thron regiert und alles unter seiner wunderbaren Kontrolle hat, dass aber gleichzeitig der Mensch gemäß seinem freien Willen Entscheidungen trifft und das sät, was er erntet, sei es Heil oder Verdammnis, Segen oder Fluch (5. Mose 28). Kein Mensch darf sich hinter Gottes Souveränität verstecken.

Ein Ansatz, der mir etwas hilft, mit diesem scheinbaren Widerspruch klarzukommen, leitet sich von folgenden Bibelstellen ab:

Denn welche er zuvor ersehen hat,
die hat er auch vorherbestimmt, dem Ebenbilde seines
Sohnes gleichgestaltet zu werden ...
(Römer 8,29)

Petrus, Apostel Jesu Christi,
an die auserwählten Fremdlinge in der Zerstreuung,
in Pontus, Galatien, Kappadozien,
Asien und Bithynien, nach der Vorsehung
Gottes des Vaters ...
(1. Petrus 1,1-2)

Diesen, der nach Gottes festgesetztem Rat und Vorherwissen dahingegeben worden war ...
(Apostelgeschichte 2,23)

Alle drei Bibelstellen haben gemeinsam, dass sie Gottes „Vorherbestimmungen" in Relation zu seinem Vorherwissen stellen. Gott hat also vorher „gesehen" und dementsprechend „vorherbestimmt".

Ein kleines Gedankenspiel dazu: Wenn ich allwissend wäre und so voraussehen könnte, welches die Lottozahlen am Wochenende sein werden, könnte ich diese auf dem Wettschein ankreuzen. Demgemäß könnte ich beginnen zu organisieren, wie ich den Gewinn ausgeben möchte. So würde ich vielleicht einen Urlaub buchen oder mir ein neues Auto bestellen. Bei alledem könnte man mir nicht vorwerfen, ich hätte die Ziehung der Zahlen manipuliert. Ich habe sie eben vorher gesehen und damit dann geplant.

So verstanden, hat auch Gott alles „durchgeplant" und „vorherbestimmt" aufgrund dessen, was er von Ewigkeiten her „wusste", ohne uns Menschen dabei zu manipulieren und zu Marionetten zu degradieren. Nähern wir uns mit einem solchen Glauben nicht den schönen Geheimnissen unseres Herrn und dringen tiefer ein in „die Schrift und die Kraft Gottes" (Markus 12,24)?

Was schmerzt, ist, dass immer wieder Christen so in die Diskussion einsteigen, als sei sie gerade erst entbrannt. Sie besitzen die Vermessenheit, die Wahrheitsspannung, die bezüglich dieses Punktes sowohl von der Bibel als auch der Kirchengeschichte bezeugt wird, einseitig auflösen zu wollen.

Es ist genau wie beim Lenken meines Autos. Die rechte Leitplanke will ich genauso wenig durchbrechen wie die linke, sondern mich an beiden orientieren, um auf der Straße zu bleiben.

Die Wahrheitspole der Bibel können auch mit den beiden Polen einer Batterie verglichen werden. Versuche ich sie zusammenzubringen, so sprühen die Funken, wie bei mancher guten theologischen Diskussion. Löse ich aber diese Spannung auf und harmonisiere die Pole, verliert die Batterie sämtliche Kraft.

In der Spannung liegt die Wahrheit.[22]

PRINZIP 3

Den Zusammenhang beachten

Auch für diese nächste Regel im Umgang mit der Heiligen Schrift wollen wir uns Jesus zum Vorbild nehmen.

Ein gutes „Werkstück“ dazu liefert wieder die Versuchungsgeschichte (Matthäus 4 und Lukas 4). Bei einer der drei Prüfungen sollte sich Jesus von der Zinne des Tempels werfen, um mit aller Medienwirksamkeit unter Beweis zu stellen, dass er der Messias und Sohn Gottes war. Der Teufel sucht Jesus zu überreden, indem er eine Bibelstelle zitiert:

Denn er hat seine Engel
für dich aufgeboten, dass sie dich behüten auf
allen deinen Wegen,
dass sie dich auf den Händen tragen und du deinen
Fuß nicht an einen Stein stoßest.
(Psalm 91,11-12)

Diese Verse sichern dem Gläubigen Gottes Schutz zu und sind eine wunderbare Verheißung. Doch man darf sie keinesfalls aus dem Zusammenhang der Bedingungen reißen, in dem alle Verheißungen der Bibel nun mal stehen. Die hier geltende Bedingung finden wir im ersten Vers des Psalms:

Wer unter dem Schirm
des Höchsten sitzt und unter dem Schatten des Allmächtigen wohnt …
(Psalm 91,1)

Also für jene, die Gottes Gegenwart suchen und bei ihm bleiben, „greift" die Verheißung des Schutzes. Dies beinhaltet selbstverständlich auch das Streben nach einem Gott wohlgefälligen Leben. Wer dagegen in Starrsinn, Stolz und Ungehorsam beharrt, verlässt den Schirm des Höchsten und den Schatten des Allmächtigen.[23]

Genau das hätte Jesus getan, wenn er in die Versuchung eingewilligt hätte. Sein vom Vater festgelegter Weg zur Erhöhung seines Sohnes führte eben nicht über spektakuläre Stunts, sondern über den bitteren Kreuzestod, zum Heil für alle Menschen. Erst danach und dadurch sollte er erhöht werden und einen Namen über alle Namen bekommen.[24]

Jesus ließ sich nicht durch einen gefährlich zusammenhanglos zitierten Bibelvers von seinem Gehorsamsweg abbringen, sondern antwortete mutig:

Wiederum steht geschrieben[25]:
„Du sollst den Herrn, deinen Gott, nicht versuchen."
(Matthäus 4,7)

Warum ist der Zusammenhang so sehr wichtig?

Wie schon erwähnt, ist die Bibel kein von Gott mit eigener Hand geschriebenes systematisches Werk, das er vom Himmel fallen ließ. In solch einer Bibel fänden sich wohl Kapitel zu theologischen Fragen, die dort „abschließend" behandelt würden. Kapitel 1 trüge vielleicht die Überschrift: „Wer ist Gott?", Kapitel 2: „Fall und Erlösung des Menschen", in Kapitel 3 läsen wir über „Ehe und Kindererziehung“ und so weiter. Aber so ist die Bibel nicht, wenn es auch Christen gibt, die sie fortwährend so behandeln.

Die Heilige Schrift ist (ich greife es wieder auf) zunächst einmal kein Buch, sondern eine abgeschlossene Büchersammlung, in der wir verschiedene Arten von Literatur finden: Erzählungen, Gedichte, Lieder, Briefe, theologische Abhandlungen und Prophetie. Diese 66 Bücher wurden von mindestens 40 Schreibern verfasst, die sich gegenseitig meist nicht kannten. Das war auch kaum möglich; denn die Bibel wurde in einem Zeitraum von zumindest 1500 Jahren auf drei Kontinenten geschrieben. Die Schreiber waren Politiker, Könige, Hirten, Generäle, Richter, Propheten, Steuereintreiber, Fischer, Rabbiner und Ärzte, die in jedem menschlichen Umfeld, vom Palast bis zum Gefängnis, Gottes Wort aufschrieben.

Damit ist nicht gesagt, die Bibel sei keine abgeschlossene Einheit. Sie ist und bleibt für uns das Wort Gottes, durch den Heiligen Geist inspiriert bis hin zum jetzigen, endgültigen Kanon aller biblischen Bücher.

Aber selbstverständlich müssen wir ihre Bücher differenziert betrachten; und das tun wir auch dadurch, dass wir möglichst viel Zusammenhang herstellen.

Wie bei Jesus Christus dürfen wir sagen, dass die Bibel sowohl 100 Prozent göttlich als auch 100 Prozent menschlich ist, eben Gotteswort im Menschenwort. Dieses ewige Gotteswort im Menschenwort zu unterstreichen, ist nun Sache von Theologie und Verkündigung. Welch eine Aufgabe! [26]

Der biblische Zusammenhang

Er ist als erste wichtige Voraussetzung zu betrachten, wenn wir mit einem Bibeltext umgehen.

Die Fragen „Was steht vor meinem Text und was danach?“ sind unerlässlich. Ein Beispiel dafür haben wir ja bereits dem Leben Jesu und seiner Versuchung entnommen. Ich möchte ein weiteres anführen, nämlich aus meinem eigenen Leben.

Es gab eine Schriftstelle, die mir als jungem Christen sehr viel Mühe machte und in meinem Umfeld immer wieder, aus jeglichem Zusammenhang gerissen, zitiert und gepredigt wurde.

Nicht jeder, der zu mir sagt:
„Herr, Herr“, wird in das Himmelreich eingehen,
sondern wer den Willen meines Vaters im Himmel tut.
Viele werden an jenem Tage zu mir sagen:
Herr, Herr, haben wir nicht
in deinem Namen geweissagt und in deinem Namen
Dämonen ausgetrieben und in deinem Namen
viele Taten vollbracht?
Und dann werde ich ihnen bezeugen:
Ich habe euch nie gekannt; weicht von mir,
ihr Übeltäter!
(Matthäus 7,21-23)

Es war für mich natürlich nicht leicht, wirkliche Heilsgewissheit zu haben, wenn mir durch dieses Wort zu verstehen gegeben wurde, dass, wie sehr man auch von Gott gebraucht wird bis hin zu übernatürlichen Wirkungen, man schließlich doch als „Übeltäter“ enden mag, weil der Wille Gottes nicht genug befolgt wurde. So suchten wir andere von einem Gott der Gnade, Liebe, Güte zu überzeugen, konnten aber selbst nie sicher sein, ob wir es letztendlich in den Himmel schaffen würden, denn wer kann schon behaupten, lückenlos im Willen Gottes zu leben? Erst später verstand ich diese Stelle im Licht ihres Zusammenhangs. Schauen wir uns den doch einmal an:

Hütet euch aber vor den falschen Propheten,
welche in Schafskleidern zu euch kommen,
inwendig aber reißende Wölfe sind.
(Matthäus 7,15)

Aha!!! Um falsche Propheten geht es also, die Wölfe im Schafspelz sind, doch keine Schafe. Von den Schafen hingegen sagt Jesus an anderer Stelle:

Ich bin der gute Hirte
und kenne die Meinen, und die Meinen kennen mich.
(Johannes 10,14)[27]

Wölfe im Schafspelz aber sind Menschen, die Jesus nicht kennen, sondern nur seinen Namen benutzen und kommen, um der Gemeinde bewusst zu schaden; und denen sagt unser guter Hirte, dass er sie nie „kannte", d. h. zwischen ihnen nie eine wirkliche Beziehung war. Jesus spricht also nicht von seinen wiedergeborenen[28] Jüngern, die mit willigem Geist und schwachem Fleisch, mit allen „Ups" und „Downs", den Weg ihres Herrn gehen. Wie befreiend!

Es scheint mir so, als würde das Bibelwissen vieler Christen überwiegend aus zusammenhanglosen Zitaten bestehen, und das gilt es zu ändern. Dieses Buch soll ein Beitrag dazu sein.

Der historische Zusammenhang

Er ist genauso wichtig wie der biblische. Bevor ich eine Bibelstelle in heutige Situationen hinein interpretiere, muss geklärt sein, was sie für die Menschen bedeutete, die sie ursprünglich betraf. Fragen nach dem Schreiber, dem Empfänger, den Umständen (gesellschaftlich, politisch etc.) und anderem gehören unbedingt zu guter Bibelauslegung. So lernt man z. B., historisch mitbedingte Anweisungen wie das Bedecken oder Nichtbedecken von Köpfen im Gottesdienst (1. Korinther 11) von den Grundlinien ewig gültiger Wahrheit Gottes zu unterscheiden.

Gott spricht hinein in die Geschichte und mutet uns zu, sein Reden durch fleißiges Forschen auf unsere Zeit zu übertragen.

Deshalb ist es beim Arbeiten mit Gottes Wort empfehlenswert, mehrere sich ergänzende Nachschlagewerke und Bibelkommentare zu haben, da die meisten von uns nicht in der Lage sind, eigene historische Nachforschungen anzustellen. Aber andere haben es getan – dem Herrn sei's gedankt!

Die grundsätzlichste Art, nach dem historischen Zusammenhang zu schauen, ist wohl die Frage: Steht mein Bibelabschnitt im Alten oder im Neuen Testament? Mit dem Neuen Testament (NT) beginnt das Zeitalter der Gnade, und das Alte Testament ist in diesem Licht von uns zu würdigen. Aus diesem Grund befolgen wir viele, vor allem rituelle Gesetze im AT nicht mehr, obwohl sie doch in unserer Bibel stehen. Sie sind ein Schatten auf den Neuen Bund, auf Christus hin, wo wir heute stehen dürfen. So erklären sich auch manche grausam und blutig anmutenden Episoden im AT. Uns wird gezeigt, wie elendig verloren die Menschheit ist und wie der gerechte Gott Sünde richten muss. Umso wunderbarer ist es, dass Jesus alle Schuld auf sich nahm und durch ihn die Epoche der Gnade, das neue, endgültige Testament, anbrach! [29]

Ein anderes Beispiel dafür, wie wichtig der historische Zusammenhang sein kann, sehen wir im Bericht der Fußwaschung:

Wenn nun ich, der Herr und Meister,
euch die Füße gewaschen habe,

so sollt auch ihr einander die Füße waschen.
Denn ein Vorbild habe ich euch gegeben,
damit auch ihr tut, wie ich euch getan habe.
(Johannes 13,14-15)

Diese Verse sind in ihrem geschichtlichen Kontext zu sehen. Es war eine Sitte im Orient, dass der Besucher eines Hauses von einem Sklaven die staubigen, vielleicht auch schwitzenden Füße gewaschen bekam. Indem Jesus seinen Jüngern die Füße wusch, wurde er ihnen und uns zum Vorbild dafür, wie wir einander in großer Demut dienen sollen.

Wenn dann der Herr seinen Jüngern sagt, sie sollen einander die Füße waschen, meint er kein religiöses Ritual, sondern eine Herzenshaltung, die dem anderen gerne dient. Was im Orient die Fußwaschung war, mag sich in anderen Kulturen ganz anders äußern, wie z. B. beim Abwasch oder Tischdienst, durch Müll wegtragen, Auto waschen etc., wofür sich kein Jünger Jesu zu schade sein darf.

So ist es kein Ungehorsam der Schrift gegenüber, die Fußwaschung nicht wörtlich zu praktizieren. Echter Gehorsam sucht vielmehr, Gottes eigentliche Anliegen zu erfüllen! Das wahre Anliegen hinter der Fußwaschung aber heißt Demut und Hingabe.[30]

Keine Angst vor historischer Bibelauslegung

Das möchte ich all den lieben bibeltreuen Christen zurufen, bei denen dieses Vorgehen Unbehagen auslöst. Die Angst entsteht meist bei dem Gedanken: ‚Wenn ich die eine historische Auslegung gelten lasse, kommt der Nächste und setzt mit anderen historischen Argumenten wichtige Prinzipien außer Kraft. Am Ende ist der gesamten Bibel ihre Glaubwürdigkeit genommen, und wir stehen mit leeren Händen da!‘ Dieser Einwand ist durchaus ernst zu nehmen, denn unsere Auslegungsregeln müssen in der Tat auf alle Bibelstellen angewandt werden können.

Zwei Argumente sollen hier eine Brücke bauen.

Erstens: Angst ist ein schlechter Ratgeber. Hundertfach fordert uns die Bibel auf, uns nicht zu fürchten. Dies muss auch für unser theologisches Denken gelten. Wenn ein Gedanke aus Angst vor den weiteren Konsequenzen nicht zu Ende gedacht werden dürfte, bekäme unser Glaube unterdrückende Züge. Würde man z. B. die Rettung durch Gnade statt durch Werke nicht predigen, weil dann ja vielleicht die Mitarbeit in der Gemeinde zurückginge, so wäre das fatal. Nein, frei von Furcht dürfen wir alle Wahrheit zulassen – in dem Wissen, dass das Wort unseres Herrn niemals vergehen und Frucht bringen wird.[31]

Ein zweites beruhigendes Argument ist die Frage der Grenzen einer historischen Bibelauslegung. Meiner Überzeugung nach ist es nicht nötig, historische Nachforschungen zu unternehmen, wenn es um Aussagen geht, die für uns unstrittig sind. Dass Kinder den Eltern gehorchen, der Dieb nicht mehr stehlen und das Evangelium verkündigt werden soll – dies und vieles Ähnliche sind klare, oft bestätigte Lehraussagen der Bibel. Von solchen Wahrheitszeugnissen Abstriche machen zu wollen aufgrund historischer Gegebenheiten, wäre mehr als fragwürdig. Geht es aber z. B. um die gerade behandelten Vorgänge Fußwaschung oder Kopfbedeckung, so sind die geschichtlichen Hintergründe unverzichtbar.

Eine „Faustregel“ ist: Ergibt der direkte Sinn einen klaren Sinn, ist jeder weitere Sinn wahrscheinlich Unsinn!

Auf historische Glaubwürdigkeit achten!

Dabei müssen wir natürlich aufpassen, dass wir Gottes Wort nicht durch angeblich historische Hintergründe entkräften. Bestes Beispiel ist ein allgemein üblicher Umgang mit folgendem Vers:

Und wiederum sage ich euch,
ein Kamel kann leichter durch ein Nadelöhr
eingehen als ein Reicher in das Reich Gottes!
(Matthäus 19,24)

Das Nadelöhr, so hört man immer wieder, sei ein kleines Tor in der Stadtmauer Jerusalems gewesen, durch das man ein Kamel nur mit grober Mühe hindurchquetschen konnte. Aber wie historisch ist so eine Aussage? Im Buch Nehemia sehen wir eine Auflistung aller Tore in Jerusalem, ein Nadelöhr findet dabei keine Erwähnung. In Brockhaus' „Kommentar zur Bibel"[32] lesen wir: *„Man versuchte, diesen Spruch abzumildern und statt Kamel (griechisch: kamelos) Seil (griechisch: kamilos) zu lesen oder das Nadelöhr mit einem engen Stadttor Jerusalems zu identifizieren, durch das ein Kamel nur gebückt habe passieren können. Beides sind reine Spekulationen."*

Auch der biblische Zusammenhang spricht sich gegen die These mit dem kleinen Tor aus. Lesen wir nur zwei Verse weiter:

Als die Jünger das hörten,
entsetzten sie sich sehr und sprachen:
Wer kann denn gerettet werden?
Jesus aber sah sie an und sprach zu ihnen:
Bei den Menschen ist das unmöglich;
aber bei Gott ist alles möglich.
(Matthäus 19,25-26)

Die Jünger waren entsetzt, weil die Worte Jesu bedeuteten, dass es unmöglich (also nicht nur schwer) für einen Reichen war, gerettet zu werden. Und zwar so unmöglich, wie eben ein Kamel durch ein Nadelöhr zu kriegen. Jesus streitet auch überhaupt nicht ab, dass es menschlich nicht machbar ist, weist aber darauf hin, was Gott kann. Mit anderen Worten gesagt, ist ein Reicher, der sich bekehrt, ein großes Wunder Gottes.

Um solche Fehler in unserer Arbeit mit der Schrift zu vermeiden, empfehle ich immer, mehr als nur ein Nachschlagewerk zu benutzen, denn …

… wo aber viele Ratgeber sind, da geht es wohl zu.
(Sprüche 11,14 – Luther)

PRINZIP 4

Vorrang für die höhere Wahrheitsebene

Wir stoßen auf ein weiteres Werkzeug unseres Herrn: Die ganze Bibel ist Gottes Wort, und doch gibt es offensichtlich Wahrheitsgebiete, die mehr Gewicht auf die Waage bringen; sie sind höher gestellt (bzw. tiefer gelegt) als andere. So sagt Jesus den Theologen seiner Zeit:

Wehe euch, Schriftgelehrte und Pharisäer,
ihr Heuchler, dass ihr die Minze und den Anis und
den Kümmel verzehntet und das Wichtigere
im Gesetz vernachlässigt, nämlich das Gericht
und das Erbarmen und den Glauben!
(Matthäus 23,23) [33]

Als Christen müssen wir darauf achten, dass so etwas über uns nicht gesagt werden kann. Wir wollen klar machen, dass die Hauptsache auch Hauptsache bleibt. Wie traurig ist es, wenn z. B. eine Gemeinde pedantisch darauf achtet, dass das Abendmahlsverständnis jedes Mitglieds „genau nach der Bibel" ist, aber die Verbreitung der guten Nachricht vom Opfertod des Herrn unter den Tisch fallen lässt. Dann wären wir wie eine Baufirma, die ihre Gerüste vergoldet und das Haus einstürzen lässt.

Oder, wie Jesus als unser Meistertheologe noch treffender sagte, es wäre, als würden wir „Mücken sieben und Kamele verschlucken“ (Vers 24).

Die Schöpfungsordnung

Sie zum Beispiel ist ein wichtiges Stück Wahrheit, um gute Theologie erstellen zu können. „Was hat Gott schon am Anfang gewollt, was ist seine Urabsicht?“ sollte jeder Theologe fragen lernen. Vieles in der Bibel ist zwar Gottes Art, mit der gefallenen Kreatur umzugehen, also sein Wille in der Situation, aber eben nicht sein ursprünglicher Wille. Man kann sozusagen zwischen Gottes *vollkommenem* und seinem *zulassenden* Willen unterscheiden.

Wenn du die Eltern eines neugeborenen Babys fragen würdest: „Wollt ihr, dass euer Kind später einmal eine Schulklasse wiederholen muss?“, würden sie wohl entschieden verneinen. Doch Jahre später, vielleicht nach einer schweren Krankheit des Kindes mit viel Unterrichtsversäumnis, sind die gleichen Eltern dankbar, dass es diese Möglichkeit gibt und so doch ein guter Abschluss erreichbar bleibt. Das heißt im Umkehrschluss nicht, „sitzen bleiben“ sei prinzipiell eine erstrebenswerte Sache, aber für unser Beispielkind und unter den Umständen schon. So ist es auch mit Gottes *vollkommenem* und dem *zulassenden* Willen.[34]

Beispiel: Einehe – Vielehe

Hier haben wir ein simples „Urbeispiel“ für die Anwendung der vierten Auslegungsregel.

An keiner Stelle der Bibel wird die Ehe mit mehr als einem Partner wortwörtlich verboten.

Für israelische Könige gab es die Richtlinie, nicht (zu) viele Frauen zu haben; neutestamentliche Älteste und Diakone sollten, als wäre das gar nicht selbstverständlich, „Mann *einer* Frau" sein (5. Mose 17,17; 1. Timotheus 3,2.12).

Darüber hinaus sehen wir in der Schrift sogar etliche Vielehen, die unter Gottes Segen standen. Israel wäre wohl nie so schnell zu einem großen Volk geworden, hätte jeder Mann nur eine Frau geehelicht.

So weit der erste Eindruck.

Und doch wird heute die Vielehe in der christlichen Welt nicht mehr praktiziert, ja, zu Recht als verwerflich betrachtet. Warum? Um wieder die Worte Jesu aus einem anderen Zusammenhang zu zitieren: „Am Anfang war das nicht so!" (Matthäus 19,8)[35] *„Am Anfang aber ..."* – wie ein sanftes Machtwort hallt dies nach.

Was hat das zu bedeuten?

Gott erschuf den Menschen und merkte bald, dass es nicht gut für ihn war, allein zu leben. Als Ergänzung schuf er dann eine Frau und führte sie dem Mann zu. Ein Mann für eine Frau, eine Frau für einen Mann, so hat Gott es gewollt. Die Vielehe finden wir erst später, nach dem Sündenfall, eben unter Gottes erlaubendem Willen.

Natürlich könnte hier der Einwand kommen: „Aber wieso bestand Gott nicht durchgehend auf der Ausführung seines perfekten Willens?"

Hätte Gott das getan, wäre die Menschheit verloren gewesen. Gott wusste, dass der gefallene Mensch, der nun unter Satans Herrschaftseinfluss stand, niemals seinen idealen Willen leben konnte, und hätte ihn andernfalls komplett zugrunde gerichtet. Doch weil Gott die Menschen so sehr liebte, setzte er einen fortschreitenden Heilsprozess in Gang, der am Kreuz von Golgatha seinen Höhepunkt erreichte und eines Tages, am Ende dieser Zeit, im Himmel seine Vollendung finden wird.

Doch bis dahin bleibt vieles im einräumenden Willen Gottes. Seine Gnade und Rettungsabsicht stehen dahinter. So entdecken wir in der Bibel immer wieder Dinge, die zeitweise Gottes ertragende Duldung fanden, doch später, im Licht seiner vordringenden Heilsoffenbarung, dem größeren Wahrheitswert gemäß korrigiert wurden.

Beispiel: Sklaverei

Sie ist ein weiterer Tatbestand, den die Bibel nie pauschal verbietet. Im Alten Testament wird der Umgang mit Sklaven vom Gesetz geregelt, und zwar so, dass der Sklave gewisse Rechte bekam, die ihn schützen sollten, was Gottes Liebe ihm gegenüber zum Ausdruck bringt. (2. Mose 21,20.26-27). Auch im Neuen Testament finden wir, dass die Sklaverei nicht ausdrücklich verurteilt wird. So schreibt Paulus an Sklaven:

Ihr Knechte, gehorcht euren
leiblichen Herren mit Furcht und Zittern,
in Einfalt eures Herzens, wie dem Herrn Christus.
(Epheser 6,5)

Das gab jenen, die gegen die Abschaffung des Sklaventums waren, natürlich starke theologische Argumente in die Hand.

Bleibt die Frage, warum es dann doch zur Abschaffung kam und Christen in aller Welt sich heute einig sind, welch ein Unrecht die Sklaverei ist: Man hat eben auch hier entdeckt, dass es im Ursprung nicht so war und dass Gottes Regelung derartiger Missstände nur ein Akt gütiger Notordnung sein kann, aber keineswegs seinem Herzensanliegen oder Ziel entspricht.

Gott schuf den Menschen in seinem Bilde, mit einem

freien Willen. Er sollte herrschen über die Schöpfung, aber das gegenseitige Beherrschen ist ein Resultat des Sündenfalls. Jesus lehrt, dass diese Art von Beherrschen ein Wesensmerkmal heidnischer Leiter sei (Lukas 22,25), und auch Paulus erkannte, dass es besser ist, wenn Sklaven zu freien Menschen[36] werden (1. Korinther 7,21).

So wurde unser Denken über diesen Punkt erneuert, indem man größerer Wahrheit den Vortritt ließ.

PRINZIP 5

Theologie nach Gottes Charakter

Dieses Kapitel ist ein Hauptanliegen meines Buches, zumal ich finde, dass es in unseren pfingstlich-charismatischen und evangelikalen Kreisen am wenigsten beachtet wird.

Unsere Vernunft siehet durch ein gefärbtes rotes oder blaues Glas, das kann sie nicht von den Augen nehmen. Darum muss alles, was sie ansieht, auch rot, blau oder grün sein.
(Martin Luther)[37]

Dieses Lutherzitat enthält die interessante Beobachtung, dass kein Mensch etwas ganz objektiv wahrnimmt, sondern durch einen jeweiligen Hintergrund eingefärbt. Das ist natürlich auch bei der Bibelbetrachtung so. Deshalb ist eine meiner ersten Fragen, wenn ich an die Bibel herantrete: Welches ist das richtige „Glas“? Nicht die Prägung durch Zeitgeist oder religiöse Strömungen, anerzogener Perfektionismus oder aber Minderwertigkeitskomplex kann es sein, sondern der Charakter des Autors!

Damit meine ich keinen der menschlichen Schreiber, sondern den Gott, der die Bibel inspiriert hat.

Wer ist er? Wie ist er? Wie beurteilt er? Was macht seinen Charakter aus?

Diese Fragen sind zu beantworten, wenn ich sichergehen möchte, ihn nicht falsch zu verstehen oder ihm gar die Worte im Mund herumzudrehen, weil ich einer subjektiv eingefärbten Sichtweise zum Opfer gefallen bin.

Wenn ich nämlich sein Wort so auslege, dass es mit seinem Charakter nicht mehr übereinstimmt oder, anders formuliert, der Charakter Gottes durch meine Theologie besudelt wird, kann etwas mit ihr nicht stimmen, und es empfiehlt sich, alles noch mal von vorn zu durchdenken.

Die Bibel soll ja sowieso nicht allein über Gott „informieren“, sondern in eine lebendige Beziehung mit ihm stellen und darin weiterführen.[38]

Wie die Bedienungsanleitung für ein technisches Gerät doch nur dann Sinn macht und weiterhilft, wenn ich mit dem Gerät auch tatsächlich umgehe, so ist uns die Bibel als Begleitbuch für eine reale Glaubensbindung an unseren Herrn geschenkt.

Das heißt, unsere theologischen Bemühungen dürfen nicht beim intellektuellen „Trockenschwimmen“ enden, sondern müssen zu Jesus Christus selbst und seinem lebendigen Wasser führen! Jeder Theologie abseits einer solchen Gottesbeziehung spürt man die Trockenheit ab.

Es geht also darum, Gott persönlich kennen und die Bibel seinem Charakter gemäß verstehen zu lernen.

Das ist aber das ewige Leben,
dass sie Dich, den allein wahren Gott,
und den Du gesandt hast, Jesus Christus, erkennen.“
(Johannes 17,3)[39]

Liebe

Nun, was lässt sich über Gottes Charakter sagen? Die zentralste Umschreibung finden wir wohl im 1. Johannesbrief, Kapitel 4, Vers 8 – nämlich, dass Gott Liebe ist.

Wenn dem nicht so wäre, hätte Gott den Menschen, nachdem dieser sich durch den Sündenfall von ihm entfernt hatte, gerichtet und verworfen. Statt dessen startet Gott die größte Rettungsaktion der Universumsgeschichte und entrichtet das höchste jemals bezahlte Lösegeld, das Leben seines einzigen Sohnes. Wie sehr muss Gott uns Menschen lieben!

Darauf basierend, gefällt mir auch die oft gehörte Umschreibung der Bibel als „Gottes Liebesbrief"; denn nirgendwo sonst finden wir die Grundlinien von Gottes Herz und Charakter so klar, umfassend, vielschichtig und verbindlich vor. Solch eine, Gott und seine Liebe wertschätzende Theologie bringt noch viele ähnliche Lehrsätze hervor, wie z. B.: „Gott schuf den Menschen, weil Liebe nicht ohne Gegenüber sein will!" oder: „Liebe ist ... Jesus am Kreuz!"[40] Darum unterstreiche ich mit Nachdruck: Wahre Theologie muss vom Wesen her, selbst noch beim Thema Zurechtweisung, in Gottes Liebe wurzeln.

Gerechtigkeit

Ein zweiter Aspekt des Charakters Gottes ist seine vollkommene Gerechtigkeit. Gott hasst das Unrecht und die Sünde, auch weil er um ihre zerstörerische Kraft weiß. Diese Gerechtigkeit Gottes ist der Grund, warum er nicht einfach den Teufel in die Hölle steckte und den Menschen nach dessen Sündenfall begnadigte, sondern den ungeheuren Liebespreis der Erlösung zahlte. Der

Mensch hatte Satan Anrecht über die ihm anvertraute Erde gegeben, indem er ihm gehorchte; und ein gerechter Gott muss dieses Recht anerkennen. So wurde Satan zum „Gott“ oder „Fürsten“ dieser Welt (Lukas 4,6; Johannes 12,31; 2. Korinther 4,4).

In diesem Zusammenhang erhebt sich oft wie ein Drachenhaupt die Frage: „Wenn Gott allmächtig ist, wieso lässt er dann all das Leid auf dieser Erde zu?“

Zur Antwort gebrauche ich gern ein Bild: Wenn man mich fragen würde, ob ich meine Frau verprügeln könne, so wäre die Antwort „ja und nein“. Ja, ich könnte es, weil ich ihr als Mann körperlich überlegen bin. Aber nein, ich könnte es natürlich nicht, weil ich meine Frau von Herzen liebe. Das heißt, meine Möglichkeiten werden durch meinen Charakter eingeschränkt!

In diesem Sinne ist es auch keineswegs blasphemisch[41] zu behaupten, dass Gott eben doch nicht „allmächtig“ ist. Denn Gott „muss“ das Leid dieser Welt zulassen, weil es sein Charakter der Gerechtigkeit so fordert. Urheber von allem Leid ist der Teufel, und zwar durch die Anrechte, die der Mensch ihm gab. Gottes Erlösungsplan aber ist in Ausführung[42], und eines Tages werden die Menschen, die sich darauf einlassen, wieder mit Gott vereint sein und der Teufel und seine Helfershelfer gerichtet. Dann wird jede Träne abgewischt, jedes Leid beendet und die gesamte Menschheitsgeschichte bereinigt. Was für eine wundervolle Hoffnung!

Liebe + Gerechtigkeit: An diesen beiden Aspekten des Charakters unseres Gottes muss sich, wie an zwei Koordinaten, alle theologische Arbeit messen lassen!

Das Vorbild Jesu

Jesu Beispiel bietet auch für dieses fünfte Prinzip das allerbeste Anschauungsmaterial.

Es ist unübersehbar, dass er bei seiner Theologie immer vom Charakter Gottes her dachte.

Speziell dies unterschied ihn von den Pharisäern und Schriftgelehrten seiner Zeit[43], die in eiskalter Richtigkeit als Diener des Gesetzesbuchstabens lebten, aber von den Herzensanliegen Gottes gar nichts verstanden hatten. Genau deshalb kritisierten sie auch Jesu Jünger, als diese aus Hunger am Sabbat Ähren abpflückten, und legten es ihnen als Arbeit aus. Sie hielten es für angemessener, dass ein Mensch Hunger leide, als – nach ihrer Auslegung – das Sabbatgesetz zu brechen.

Wie erfrischend anders dagegen Jesus! Er dachte von Gottes Charakter her und wies, ohne das Gebot zu verwerfen, auf das Anliegen dessen hin, der es erlassen hatte:

Der Sabbat ist um des Menschen willen gemacht,
nicht der Mensch um des Sabbats willen.
(Markus 2,27)

Damit ist mein Anliegen in diesem Kapitel zusammengefasst:

Jesus entwarf eine Theologie um des Menschen willen, am Charakter Gottes orientiert!

Ob es um einen armen kranken Menschen ging, der Heilung brauchte, auch wenn es gerade Sabbat war, oder um eine auf frischer Tat ertappte Ehebrecherin, für die man die Todesstrafe forderte: Die Theologie unseres Herrn war immer für den Menschen! Aus seinem Munde kam immer nur Evangelium, also gute Nachricht, Siegesbotschaft, Lebenshilfe. Und das sollte bei uns, seinen Jüngern, nicht anders sein.

Selbstverständlich vergaß Jesus über der Liebe nie die zweite Seite von Gottes Charakter, seine Gerechtigkeit, und sprach eben jener Ehebrecherin zu: *„Gehe hin und sündige nicht mehr . . .!“* (Johannes 8,11).

Humanismus, Zeitgeist und liberale Theologie?

Diese Begriffe sind zu polemischen Schlagworten in manchen unserer Kreise geworden. Vorweg gesagt, möchte ich keins von den dreien propagieren, sondern halte sie für bedenklich, ja, gefährlich. Aber ich fordere schon einen etwas differenzierteren Umgang mit solchen Vokabeln.

In einer Diskussionsrunde machte ich einmal die Aussage, es sei Unrecht, wenn ein Mann und eine Frau im Gemeindedienst die gleiche Verantwortung tragen und die gleiche Arbeit tun, aber einer von ihnen weniger verdient oder einen geringeren Titel bekommt. Ein sicher wohlmeinender Bruder deutete daraufhin besorgt an, ich sei wohl dem Zeitgeist erlegen und vom Humanismus geprägt. Das gab mir sehr zu denken.

Wenn es bei uns so ist, dass die Forderung nach Gerechtigkeit schon zum „Humanisten“ macht, bin ich im Sinne Jesu gerne Humanist. Wenn das Verlangen nach einer Theologie, die sich gemäß dem Charakter Gottes auch an den Bedürfnissen des Menschen orientiert, schon liberale Theologie ist, so will ich „liberaler Theologe“ sein im Namen des Herrn Jesu. Liberal bedeutet ja im Ursprung „freiheitlich“. Und *„wo der Geist des Herrn ist, da ist Freiheit“* (2. Korinther 3,17)!

Wie viele ehemals feine Begriffe, so entarteten auch „human“ oder „liberal“ im Lauf der Geschichte zu Modellen für schädliche Ideologie, meist mit der Endsilbe „-ismus“ versehen. Leider fielen in dieses Raster geschichtlicher Belastung selbst so schöne Worte wie „Kirche“ (von „Kyriake“, dem HERRN Zugehörige). Wäre es nicht an der Zeit, dass Christen auch hierin Flagge zeigen und Begriffsinhalte neu prägen?

Mir scheint nämlich, dass wir allzu leicht bereit sind, unser Erbe in Christus andern zu überlassen, die vielleicht das Gleiche wie wir Christen wollen, aber auf falsche Weise, nämlich ohne Christus. Doch der Kampf für die Würde und die Freiheit des Menschen, das Streben nach Gerechtigkeit, die Solidarität mit den Unterdrückten und Leidenden dieser Welt, kann und darf nicht Liberalisten, Kommunisten, Humanisten oder anderen Philosophen überlassen werden, sondern gehört zum Erbe und Auftrag der Kirche Jesu Christi!

Das biblische Menschenbild

Über die letzten Jahre war in unseren Kreisen eine erfreuliche Tendenz zu sehen. Der Charakter Gottes als des liebenden Vaters, der seinen Kindern gerne Gutes gibt und Gemeinschaft mit ihnen sucht, wurde stark betont und beleuchtet.

Nun ist es an der Zeit, dass Christen pfingstlich-charismatischer und evangelikaler Prägung auch einmal ihr Bild vom *Menschen* neu im Licht der Bibel unter die Lupe nehmen. Ich möchte ein paar Gedankenanstöße dazu beitragen.

Zunächst einmal sehen wir, dass der Mensch die Krönung einer phantastischen Schöpfung ist. Hatte Gott die ganze übrige Schöpfung in Existenz gesprochen, so wich er beim Menschen von diesem Muster ab und formte ihn mit seinen Händen. Dieses „Handgeschöpf“ Gottes weist im Vergleich mit den „Wortgeschöpfen“ eine klare Besonderheit auf: Jene gehorchen ihrem Schöpfer aufs Wort, der Mensch aber besitzt Freiräume bis sogar dahin, sich anders zu entscheiden. Gott wünschte den Menschen eben nicht als Spielball seines Willens, sondern als ein wahres Gegenüber, jemanden, der freiwillig mit ihm lebt, ihn liebt, anbetet, ihm gerne dient. So wurde der Mensch z. B. beauftragt, selbständig allen Tieren Namen zu geben, gleichsam als „Juniorpartner“ Gottes (1. Mose 2,19).

Willensfreiheit – welch ein grenzenloser Wert!

Doch dann kam der Sündenfall.

Der Humanismus geht davon aus, dass der Mensch in sich selbst gut sei und sich immer zum Positiven entwickle, wenn nur sein Umfeld stimme. Das heißt, alle Fehlentwicklung ist die Schuld von Gesellschaft, Eltern, Schule, Kirchen etc. Persönlich schuld ist nie der Mensch selbst, deshalb glaubt ein Humanist auch nicht an die Sünde.

Die Bibel lehrt hingegen, dass der ehemals wunderbar geschaffene Mensch nun verdorben, in Sünde geboren ist und eine Natur mit sich trägt, die ihn unweigerlich sündigen lässt. Der Mensch ist eben nicht Sünder, weil er sündigt, sondern er sündigt, weil er Sünder ist! Diesen Tatbestand zuzugeben, ist der Schlüssel, um durch den Opfertod Christi von Gott Vergebung und Wiederherstellung empfangen zu können.

Die gut klingende Botschaft des Humanismus ist in Wahrheit schauderhaft. Wenn nicht ich schuld bin, sondern alle anderen, wie kann sich in dieser Welt je etwas verbessern? Ich kann weder die Gesellschaft noch meine Eltern noch irgendjemand anders verändern, also bleibe auch ich, wie ich bin.

So paradox es klingt: Die gute Nachricht der Bibel ist, dass ich selbst Schuld habe! Ich bin zu 100 Prozent erlösungsbedürftig und ohne Christus verloren. Aber er liebt mich und rettet mich gerne, wenn ich darum bitte, und pflanzt seine Natur in mich hinein! Ich werde verändert, und wenn ich mich ändern kann, dann können es alle. Dies ist die Hoffnung der Menschheit!

Doch obwohl der Mensch, durch die Sünde entstellt, auf Rettung angewiesen ist, sehen wir viele göttliche Spuren in seinem Leben – weil er im Ebenbild Gottes erschaffen wurde. Gott sagte über seine vollkommene Schöpfung: „Siehe, sehr gut ...!“ (1. Mose 1,31). Aber auch noch lange nach dem Sündenfall wiederholt der alttestamentliche Liederschreiber (Psalm 139,14): „Ich danke Dir, dass Du mich wunderbar gemacht hast!“ Wunderbar gemacht ist also selbst der noch unerlöste Mensch und kann einzelne gute Dinge tun, wie z. B. selbstlosen Einsatz für andere, auch wenn ihn das unabhängig von Christus nie erlösen kann.

Wenn der heilige, allmächtige Gott dann auch noch den Himmel verließ, um selbst Mensch zu werden, und an einem römischen Kreuz starb, weil es keine andere Möglichkeit[44] für ihn gab, sein Gegenüber zu befreien – was sagt das erst über Würde und Wert der Menschheit aus!?

Wir waren IHM das wert – welch eine Liebe!!

Sollte es da nicht normal werden, dass auch wir alle Menschen lieb gewinnen, ihnen helfen und mit höchster Wertschätzung begegnen, Gottes Ebenbild in ihnen erkennen?

Der Charakter Gottes ist Liebe zum Menschen[45]. Folglich kann alle Theologie, die nicht für den Menschen ist, sondern ihn unterdrückt und beraubt, bestenfalls ein Missverständnis sein.

Der moralische Schuss nach hinten

Mit dieser Formulierung umschreibe ich gern eine noch anders verzweigte Art Theologie, vorbei am Charakter Gottes. Gemeint ist die Falle, dass der sündhafte Mensch die Bibel nur zu seinem eigenen Vorteil verstehen will und aus ihr religiöse Ansprüche an andere ableitet.

Liest er zum Beispiel: „Einer trage des anderen Last“, sieht er sich automatisch als den „anderen“, dessen Last es zu tragen gilt, und wartet auf jemand, der dies tun könnte. Dass er der „eine“ sein könnte, der anderen hilft, kommt ihm nicht in den Sinn. Liest er: „Liebe deinen Nächsten ...“, versteht er sich als Nächsten für andere und bemängelt ihren Ungehorsam ...

Dieser „ethische Schuss nach hinten“ ist auch mitverantwortlich für den traurigen Zustand unter uns Christen, dass unser gegebenes Wort oft nicht viel zu gelten scheint.

Jemand leiht sich z. B. Geld von einem Glaubensbruder und verspricht, es an einem bestimmten Tag zurückzugeben. Der Termin kommt, aber er hält sein Wort nicht, obwohl es mit etwas mehr Mühe zu schaffen gewesen wäre. Das sind leider keine Ausnahmen. Viele Gläubige habe ich sogar sagen hören, sie wollten mit Christen keine Geschäfte mehr machen, weil deren Wort weniger gelte als das von Nichtchristen. Aus akuter Enttäuschung habe ich selber einmal gesagt: „Wenn ich in Zukunft Geschäfte mit irgendjemand mache, dann nur schriftlich – außer natürlich, es ist ein Glaubensbruder; in dem Fall würde ich den Vertrag noch notariell beglaubigen lassen!“

Woran liegt dieses Phänomen, wo doch Jesus seine Jünger auffordert, dass ihr Ja ein Ja und ihr Nein ein Nein sein soll? Ich meine, wir gehen zu leichtfertig davon aus, der andere müsse uns „christlich“ behandeln, während wir bei „Ungläubigen“ mit harten Konsequenzen rechnen würden.

Was für ein perverser religiöser Auswuchs: „Ich brauche meine Frau nicht sonderlich gut zu behandeln, denn als Christin darf sie sich ja nicht von mir scheiden lassen.“ – „Ich brauche das geliehene Geld nicht unbedingt zurückzugeben, denn der Gläubiger ist ja Christ und darf mich nicht vor Gericht stellen ...“ – So wird Gott das Wort im Munde herumgedreht und die Bibel zum Instrument, die den Unterdrücker vor dem Unterdrückten schützt und den Täter vor dem Opfer, statt umgekehrt.

Auch das ist Theologie ohne jegliche Berücksichtigung des Charakters dessen, der diese Bibel inspiriert hat, alle Menschen gleichermaßen liebt und Gerechtigkeit will.

Als aber
die Freundlichkeit und Menschenliebe Gottes,
unseres Retters, erschien …
(Titus 3,4)

Anwendung der 5 Prinzipien

In diesem letzten Kapitel möchte ich die fünf besprochenen Prinzipien an einem biblischen Text zur Anwendung bringen.

Noch einmal erinnere ich daran, dass wir immer versuchen sollten, mit allen fünf Fingern zuzugreifen, um sicherzugehen, dass unser Resultat am Ende viel reine göttliche Wahrheit enthält.

Prinzip ①
... als Grundlage dieses Buches

Prinzip 1 heißt ja: *Alle Theologie ist Stückwerk und bedarf der Ergänzung.*

Dies lässt sich natürlich nicht sehr gut in einem Buch demonstrieren, da ja mehr eine Herzenshaltung gemeint ist. Aber wenigstens kann darauf verwiesen werden, dass ich mich und auch dieses Buch nur als Einzelbeitrag zum Thema empfinde und sehr wohl weiß, dass ich nicht annähernd alle Antworten habe.

Ein älterer Prediger namens Ken Sumrall, dessen väterliche Freundschaft mir oft geholfen hat, sagte mir einmal: „Als ich jung war und meine Pastorenlaufbahn begann, dachte ich tatsächlich, alle Antworten zu kennen. Heute, als 70-Jähriger, ist mir klar, dass ich nicht mal alle Fragen kenne!“ Diese Aussage und mehr noch die offensichtliche Haltung des Menschen, der sie machte, haben mich zutiefst beeindruckt und geprägt.

Schon in der Entstehung meines Buches bat ich einige Freunde, es zu lesen und zu bearbeiten. Darunter waren Christen evangelikaler, charismatischer und auch liberalerer Prägung, die zum Teil im hauptamtlichen Predigtdienst stehen. Es war ein Hochgenuss, zu erleben, an welchen Punkten sie sich stießen, beipflichteten oder ergänzende Gedanken beisteuerten.

Die Tendenz, bei andern nichts abschauen zu wollen, sondern nur unsere „eigenen Offenbarungen“ zu predigen, halte ich für sehr gefährlich. Wer so denkt, hat die Schöpfungs- und Erfahrungstatsache der Teamarbeit noch nicht verstanden, geschweige denn das Bild vom „Leib Jesu“, in dem wir alle Glieder sind, also mit unserem Beitrag aufeinander angewiesen bleiben.

Ihr aber seid Christi Leib und,
jedes in seinem Teil, Glieder.
(1. Korinther 12,27) [46]

Natürlich kann es auch nicht richtig sein, wenn ein Prediger einfach nur das, was er in Büchern liest oder auf Kassetten hört, undifferenziert ausschlachtet, vielleicht um sich die Arbeit einer gründlicheren Vorbereitung zu ersparen.

Nein, bevor wir etwas weitergeben, müssen wir es uns schon zu eigen gemacht haben. Aber dann gehört es uns auch; und wenn es biblische Wahrheit ist, liegt das „Copyright“ ohnehin beim Inspirator der Schrift, dem Heiligen Geist. Dennoch ziemt es sich, andere zu ehren, indem wir sagen, dass wir von ihnen gelernt haben. Auch so leben wir unser erstes Prinzip vorbildlich und transparent aus.

Prinzipien ②–⑤
... am Beispiel „Christen vor Gericht“

Wie darf jemand von euch,
der eine Beschwerde gegen einen andern hat,
sich bei den Ungerechten richten lassen,
anstatt bei den Heiligen?
Wisst ihr nicht,
dass die Heiligen die Welt richten werden?
Wenn nun durch euch die Welt gerichtet werden soll,
seid ihr dann unwürdig,
über die allergeringsten Dinge zu entscheiden?
Wisst ihr nicht, dass wir Engel richten werden?
Warum denn nicht auch Dinge dieses Lebens?
Wenn ihr nun über Dinge
dieses Lebens Entscheidungen zu treffen habt,
so setzt ihr solche zu Richtern,
die bei der Gemeinde nichts gelten!
Zur Beschämung sage ich's euch:
Demnach ist also nicht ein einziger Sachverständiger
unter euch, der ein unparteiisches Urteil
fällen könnte für seinen Bruder;
sondern ein Bruder rechtet mit dem andern,
und das vor Ungläubigen!
Es ist überhaupt schon schlimm genug für euch,
dass ihr Prozesse miteinander führt.
Warum lasst ihr euch nicht lieber Unrecht tun?
Warum lasst ihr euch nicht lieber übervorteilen?
Sondern ihr übt Unrecht und Übervorteilung,
und zwar an Brüdern!
(1. Korinther 6,1-8)

Anhand dieser apostolischen Lehraussage über den rechten Umgang mit Streitfällen in der Gemeinde möchte ich *die übrigen 4 Prinzipien* zur Anwendung bringen.

Nach Meinung vieler Christen enthält der Brieftext ein generelles Verbot, bei Streitsachen mit Gläubigen vor Gericht zu gehen. Umgekehrt fechten Gemeinden oder Missionswerke gegenseitige Rechtsstreitigkeiten bis zum bitteren juristischen Ende aus, als gäbe es diese Verse in ihrer Bibel gar nicht. Lasst uns versuchen, hier zu einer guten theologischen Einschätzung zu gelangen, indem wir unsere Prinzipien mit geistlichem Fingerspitzengefühl einsetzen.

Beginnen möchte ich mit Prinzip ③: Den Zusammenhang beachten

Der Abschnitt ist eingebettet in einen Brief mit besonderem Charakter; es handelt sich nämlich um ein Antwortschreiben. Die Korinthergemeinde hatte Paulus einen Brief mit Fragenkatalog geschickt, und auf eben diese Fragen geht der Apostel nun ein.[47]

Leider haben wir das Schreiben der Korinther nicht vorliegen und müssen aufgrund der Antworten versuchen, die Fragen zu rekonstruieren.

Im Fernsehen gibt es eine beliebte Quizsendung mit dem Namen „Jeopardy". Das Besondere daran ist, dass man keine Fragen gestellt, sondern Antworten gesagt bekommt. Dann ist es die Aufgabe des Kandidaten, die Frage zu erraten. So könnte der Spielleiter z. B. sagen: „Eine 400 000 Einwohner starke Stadt im Bergischen Land, deren besonderer Stolz die Schwebebahn ist!" Der Kandidat würde dann antworten: „Was ist Wuppertal?"

Genauso muss man auch mit unserem Brieftext umgehen. Wir wissen nämlich nicht, wie die Frage lautete. Wäre Paulus z. B. gefragt worden: „Sollte man einen Christen anzeigen, von dem man weiß, dass er eine Frau vergewaltigt und ermordet hat?", wäre seine Antwort doch wahrscheinlich anders ausgefallen als bei der

Frage: „Darf ich meinen Bruder verklagen, der die Kirschen von einem Ast meines Baumes aberntet, nur weil dieser über sein Grundstück ragt?“

Der „Erste Korintherbrief“ ist also kein apostolischer Artikel an alle Gemeinden zum Thema „Christsein und Recht“, sondern spricht in eine ganz bestimmte, uns leider nicht bekannte Situation. Wird der Brief dadurch für uns Heutige wertlos? Nein, er ist und bleibt Gottes Wort, doch wir müssen uns die Mühe machen, diese Passage einzubetten in die Gesamtaussage der Bibel zur brisanten Thematik.

Das bringt uns zu Prinzip ②: Die Bibel mit der Bibel auslegen

Zunächst einmal sollte die Frage nach bestätigenden Bibelstellen beantwortet werden.

Das Alte Testament ist hier kaum zulässig, da seine Verordnungen ja vom Gottesstaat Israel ausgehen – im Gegensatz zum paulinischen Anliegen im 1. Korintherbrief, wo der Umgang mit weltlichen Gerichten behandelt wird.

Im Neuen Testament findet sich kein weiteres Schriftwort, das direkt verbietet, einen Christen vor Gericht zu bringen.

Somit wäre es theologisch auch nicht seriös, aus der Windrichtung unseres Textes ein unantastbares Dogma zu machen, das blind auf alle Fälle der Thematik angewendet werden muss.

Welche sonstigen Bibelstellen könnten zu Hilfe genommen werden, um uns das ganze Bild über weltliche Autoritäten erkennen zu lassen? Untersuchen wir folgendes Zitat aus dem Römerbrief:

Jedermann sei den obrigkeitlichen
Gewalten untertan; denn es gibt keine Obrigkeit,
die nicht von Gott wäre;
die vorhandenen aber sind von Gott verordnet.
Wer sich also der Obrigkeit widersetzt,
der widerstrebt der Ordnung Gottes;
die aber widerstreben,
ziehen sich selbst die Verurteilung zu.
Denn die Herrscher sind nicht wegen guter
Werke zu fürchten, sondern wegen böser!
Willst du also die Obrigkeit nicht fürchten,
so tue das Gute,
dann wirst du Lob von ihr empfangen!
Denn sie ist Gottes Dienerin,
zu deinem Besten. Tust du aber Böses,
so fürchte dich!
Denn sie trägt das Schwert nicht umsonst;
Gottes Dienerin ist sie, eine Rächerin zur Strafe
an dem, der das Böse tut.
(Römer 13,1-4)

Hier sehen wir, ebenfalls von Paulus, ein interessantes Gegenstück zu einem sehr ähnlichen Thema. Nannte der Apostel die weltliche Justiz im Korintherbrief noch „Ungerechte“ und „Ungläubige“, so zeigt er im Römerbrief die andere Seite der Wahrheit auf: Er lehrt, dass Obrigkeit nicht ein weltliches Übel ist, mit dem wir irgendwie klar kommen müssen, sondern von Gott gesetzt und gewollt, ja, Gottes Dienerin.

Das gilt natürlich nur im Rahmen ihres von Gott gegebenen Auftrags, nämlich zum Besten [48] der ihr anvertrauten Menschen zu handeln und Strafe für die Bösen zu verordnen. Keineswegs legitimiert der Römertext also die Kooperation mit menschenverachtenden Regimen wie z. B. den Nazis im Dritten Reich. Dort sticht vielmehr das Bibelwort:

Man muss Gott mehr gehorchen als den Menschen!
(Apostelgeschichte 5,29)[49]

Dennoch, die weltliche Obrigkeit soll im Auftrag Gottes sowohl für Recht als auch für Ordnung sorgen; und wer sich dem widersetzt, der widerstrebt Gott.

Also zeichnet sich folgendes Zwischenergebnis ab:

Wenn ich von einem groben Unrecht weiß, das ein Mensch begeht, ganz gleich, ob Christ oder nicht, besteht zumindest die Frage, ob es nicht sogar meine christliche Bürgerpflicht ist, dies der Justiz als Dienerin Gottes anzuzeigen.

Viele ergänzende Bibelstellen könnten noch angeführt werden. Doch es geht mir ja weniger um die lückenlose Behandlung dieses Themas als um ein Beispiel für die Anwendung des Prinzips, die Schrift mit der Schrift auszulegen, was Jesus so formulierte: „Aber wiederum steht geschrieben!"

Wer an der Thematik selbst gern weiterarbeiten möchte, sollte unbedingt noch Matthäus 18,15-17 hinzuziehen, wo es um die Regelung von innergemeindlichem Zwist geht.

Auch den *historischen* Zusammenhang unseres Korinthertextes (neben dem behandelten *biblischen,* Prinzip 3) habe ich natürlich nur gestreift. Das Material dazu ergäbe ein eigenes Buch. An dieser Stelle aber begnüge ich mich damit, zwei Leitplanken der Wahrheit Gottes aufgezeigt zu haben, und gehe weiter zur Anwendung unseres vierten Prinzips.

Prinzip ④:
Vorrang für höhere Wahrheitsebenen

Bei der konkreten Entscheidung, wie ich also mit einem Christen umgehe, der mir oder anderen Unrecht getan hat, würde ich den höheren Wahrheitswert durch folgende Frage ermitteln:

Was steht denn überhaupt auf dem Spiel?

Ginge es z.B. darum, dass ich eine andere Vertragsauffassung habe als mein christlicher Geschäftspartner und mir nun ein finanzieller Verlust droht, so würde ich das paulinische Wort im Korintherbrief anwenden wollen. Denn auch dort lagen wohl eher private Fehden vor als kriminelle Fakten.

Viele Bibelstellen machen klar, dass Geld und materielle Güter im Leben eines Christen keine (zu) große Rolle spielen sollten. Das demütige Aufgeben von Rechten und der Verzicht sind Bestandteile unserer Jüngerschaft. Also würde man lieber das Unrecht ertragen, als der Gemeinde die Blöße zu geben, dass zwei ihrer Glieder sich vor Gericht um Schadenersatz, sprich: Mammon, streiten.

Anders läge die Sache aber bei Kindesmissbrauch, grobem Betrug oder ähnlichen Dingen. Da geht es dann um sehr viel mehr als einen hinnehmbaren persönlichen Nachteil, nämlich um beträchtlichen Schaden für die Allgemeinheit und den Ausführenden selbst. In solch einem Fall würde ich die höhere Wahrheitsebene eher in der Römerstelle erkennen.

Schließlich möchte ich auch noch versuchen, das überaus wichtige fünfte Prinzip anzuwenden.

Prinzip ⑤:
Theologie nach dem Charakter Gottes

Ihr habt gehört, dass gesagt ist:
„Du sollst deinen Nächsten lieben und
deinen Feind hassen!“ Ich aber sage euch:
Liebt eure Feinde, segnet, die euch fluchen,
tut wohl denen, die euch hassen, und bittet für die,

die euch beleidigen und verfolgen;
auf dass ihr Kinder eures Vaters im Himmel seid.
Denn er lässt seine Sonne aufgehen über
Böse und Gute und lässt regnen über
Gerechte und Ungerechte.
(Matthäus 5,43-45)

Leider kommt es vor, dass sich auch Christen verfeinden, einander Schaden zufügen und Böses tun. Das Jesuswort[50] ermahnt uns als Kinder Gottes, in solchen Situationen den Charakter unseres himmlischen Vaters zu bedenken und nachzuahmen. Wie viel Geduld hat er mit seiner Kreatur, ja, mit jedem Einzelnen von uns? Wie viel Gnade gießt er über uns Menschen aus, obwohl wir es niemals verdient haben? Wie viel Gutes hat er an uns getan und für uns vorbereitet, ehe wir begannen, ihm zu gehorchen? Das sollte uns anspornen, miteinander ähnlich großzügig, langmütig und geduldig zu sein.

Selbst wenn wir den schweren Weg wählen müssen, einen offensichtlich verblendeten und in Sünde geratenen Bruder mit rechtlichen Schritten davon abzuhalten, sich selbst und andern noch mehr Schaden zuzufügen, so kann und soll es in Liebe geschehen. Wir schreiben ihn nicht ab, geben ihn nicht verloren und helfen ihm, wo wir nur können, damit er wieder zurechtgebracht wird.

Fazit: Ich weiß, dass ich mich in diesem Leben manchmal irren werde, auch was den Umgang mit Menschen betrifft. Meine Entscheidung ist deshalb: Lieber will ich mich dreimal auf Seiten der Milde, Gnade und Barmherzigkeit irren als einmal auf der Seite der Strenge und Härte. Ich glaube, das ist dem Charakter Gottes angemessen.

Denn sein Zorn währt einen Augenblick,
seine Gnade aber lebenslang …
(Psalm 30,6)

Zum guten Schluss

Theologie

Dass Theologie unverzichtbar ist, haben wir alle sicherlich verstanden. Bevor wir nun aber voller Eifer die Werkzeuge ergreifen und loslegen, möchte ich ein kleines P. S. anhängen. Dabei geht es um den richtigen Stellenwert der Theologie im Leben von Gläubigen.

Paulus gibt uns einen Hinweis im 1. Korintherbrief (13,13):

Nun aber bleiben Glaube,
Hoffnung, Liebe, diese drei; die größte aber von
diesen ist die Liebe!

Hier werden drei geistliche Größen (Glaube, Hoffnung, Liebe) in Relation zueinander gestellt.

Das Wort Glaube findet sich in der Bibel mit zwei überlappenden Bedeutungen. Zum einen ist da der Glaube als kindliches Vertrauen in Gottes Möglichkeiten, z.B. beim Gebet für Kranke; zum andern der Glaube als Bekenntnis, als das Für-wahr-Halten einer Theologie oder die Zusammenfassung all unserer dogmatischen Aussagen.[51] Paulus betont: So wichtig der Glaube sein mag – größer ist die Liebe! Sie soll eine besondere Priorität in unserem Leben genießen.

Es ist deshalb immer gefährlich, wenn Glaube wichtiger wird als Liebe. Menschen taten schon die fürchterlichsten Dinge aufgrund dessen, was sie glaubten. Paulus ist hier ein Musterbeispiel: Er hat die Christen nicht deshalb verfolgt, ins Gefängnis geworfen oder gar zu Tode gebracht, weil er Gott hasste und bekämpfen wollte, sondern aufgrund dessen, was er glaubte, für seine Theologie also.

Wegen Glaubensaussagen wurden „Hexen“ und „Ketzer“ verbrannt, und mancher blutige Krieg lag in Theologien begründet. Deshalb muss die Liebe größer sein als der Glaube. Leider ist und war es bei Christen oft so, dass sie aus 98 % Glaube und 2 % Liebe bestanden. Biblischer wären laut obigem Wort 30 % Glaube, 30 % Hoffnung und 40 % Liebe.[52]

Vielleicht denkt jemand: ‚Hexen- und Ketzerverbrennungen sind lange her, und einen Krieg habe ich auch noch nicht begonnen!‘ Doch wir übersehen allzu leicht, dass z. B. eine Gemeindespaltung oder eine Verbitterung zwischen Glaubensgeschwistern meist aus demselben Material gemacht ist wie eine Verbrennung oder ein Krieg, nämlich aus dem Missverhältnis zwischen Glauben und Liebe.

Wenn die Liebe bei uns das Stärkste ist, wird sie uns vor der religiösen Perversion bewahren, uns nur um theoretische Glaubensgrundsätze zu bemühen, ohne sie aber in unserem praktischen Leben und Engagement zur Auswirkung zu bringen. Die Liebe wird uns auch zu den Verlorenen, Armen, Kaputten und Unterdrückten führen – mit der Guten Nachricht von Jesu Erlösung und jeglicher Hilfe, die wir leisten können.

Wenn das nicht geschieht, ist unser Glaube ohne Werke, fruchtlos, tot (Jakobus 2,17). Dann verkommt unsere Lehre zur Leere.

Die Erkenntnis [allein] bläht auf,
aber die Liebe erbaut.
(1. Korinther 8,1)

Deshalb will dieses Buch jedem Christen Mut machen, sich einerseits neu der Herausforderung zu stellen, ein guter Theologe zu werden, andererseits aber immer die Liebe das Größte sein zu lassen. Wenn uns das gelingt, ist unsere Theologie nicht arrogant, sondern heilsam!

Das Ziel
aller Verkündigung
aber ist dies:
Liebe zu wecken,
die aus reinem Herzen,
gutem Gewissen und
ungeheucheltem Glauben
kommt[53].
(1. Timotheus 1,5)[54]

Ergänzende Anmerkungen und anregende Notizen

(vom Lektor)

1 Hermeneutik: Lehre vom Auslegen (Verstehen, Erfassen, Zuordnen)

2 Übersetzung: Lektor

3 Liebe ist unteilbar und umfasst natürlich auch den Verstand: Lk. 10,27.

4 wörtlich: „Mann"

5 Apostolikum: bearbeiteter Text. „Einziggeborener Sohn": vgl. weiterführend Gal. 4,7; Hebr. 2,11 ff. „Umfassende" Kirche: wörtlich „katholische"; gemeint ist die ganze weltweite Gemeinde Jesu, über alle nationalen, geographischen, kulturellen, konfessionellen oder Gruppengrenzen hinweg.

6 („Angemessen": übersetzt vom Lektor.) Allerdings gibt Jesus den Jüngern auch eine weitergehende Perspektive: Joh. 14,12.

7 Wörtlich: „entleerte". (Ziel: umso größere Heilsfrucht; Joh. 12,24; Hebr. 12,1 ff.; 1. Kor. 15,45. theologische Formel: „Krippe-Kreuz-Krone".)

8 Ja, schon über Jesu Kindheit heißt es, dass er an Weisheit wuchs (Lk. 2,40). Geheimnis des Saatkorns, Gabe und Aufgabe!

9 Gott hat nichts dazuzulernen. Doch sein Heilshandeln durch die Menschwerdung war auch für ihn ein beispiellos wagemutiger Vorstoß in Neuland! Ähnlich gilt dies schon von der Schöpfung an ... *(Vgl. Prinzip 2, Beispiel Gottes „Vorherbestimmungen".)*

10 Zum vollen Menschsein gehören also Gott plus Mitmensch!

11 Natürlich wurde aus den Briefen weit mehr als nur Korrektur.

12 Zur Ergänzung gehören auch Entwicklung, Wachstum.
13 also undeutlich, verschwommen, platt, vorläufig ...
14 5. Mose 23,25-26. (Schon hier wird übrigens zwischen Ährenabstreifen und Sichelschwingen unterschieden.
Eine umstrittene neuzeitliche Variante erlebte Deutschland kurz nach dem Zweiten Weltkrieg. In seiner Silvesterpredigt 1946 sprach der Kölner Kardinal Frings die Gewissen vieler Menschen frei, die sich im Überlebenskampf Nahrung und Brennmaterial einfach selbst beschafft hatten. Dieser erlaubte Mundraub und abgesegnete Kohlenklau wurde zum geflügelten Wort im Lande – *„fringsen"*. War das eine sündhaft anmaßende Theologie oder biblisch befreiende Ethik? Auf die wichtigsten Maßstäbe dafür kommt unser Buch noch zu sprechen, ohne Entscheidungen vorzukauen oder aufzudrücken.)
15 Als man ihn ein andermal wegen seiner Hingabe an schuldbeladene Randgruppen kritisierte, wurde Jesus noch offensiver: „Geht aber hin (!) und lernt, was das ist ...!" (Mt. 9,13)
16 Nicht von ungefähr wurde der Menschheit die Bibel in jenen Sprachen geschenkt; von dort aus will sie gut übersetzt und umgesetzt werden. Und wirklich, auch in allen denkbaren Übersetzungen und praktischen Anwendungen erweist sie ihre lebendige, göttliche Inspiration (Einhauchung, siehe Adams Erschaffung 1. Mose 2,7; vgl. Joh. 20,22; 2. Kor. 3,6).
17 Zusatztipp ganz allgemein: Bei unklarem Bibelbefund trübe man nicht das schon Begriffene durch das noch Unverstandene, sondern trage umgekehrt die „hellen" zu den „dunklen" Stellen.
18 Mündlich überliefert.
19 Man könnte unsere Bibel eher wie einen kompletten Globus sehen, voll vielfältigster Bodenschätze und Möglichkeiten, die nur erschlossen bzw. „systematisiert" werden wollen.
20 bzw. seit Adam (und Eva)
21 ... aber auch Vorfreude; vgl. 1. Joh. 3,1 ff.!!! Davon ahnen wir schon etwas in Bibelstellen, die Gottes unbeirrbar eingreifenden Retterwillen bezeugen, als wäre die Diskussion um „Plan oder nicht Plan" völlig absurd: z. B. Hes. 18; Jer. 18, Joh. 9 (vgl. 1. Mose 6,6 Schmerz). *(s. auch nächste Fußnote.)*
22 Ja, Jesus Christus verkörpert regelrecht diese Spannung: In ihm verbinden sich „die Gnade und die Wahrheit" (Joh. 1,17). Man beachte die unvergleichliche Art, in der Jesus jede Zwickmühlen-Situation seines Dienstes löste! (Schuld und Gnade, Vollmacht und Menschsein, Kaiser und Gott, Erde

und Himmel, Gottes- und Menschensohn etc.: Joh. 8; Mt. 22-23.) Auf solche Weise lässt Gott auch uns theologisch-praktisch das „Wunder des Reißverschlusses" erleben: Zwei unvereinbar scheinende biblische Anliegen werden durch Gottes Geist fein miteinander verzahnt und sollen vom Menschen nicht getrennt werden. Denn auch Mann und Frau, Kind und Greis erleben die Welt ergänzend anders, der Eintopf schmeckt mit Liebe plötzlich besser als ein Steak ohne, und des Freundes Schlag tut wohler als des Hassers Kuss! (Spr. 15,17; 27,6) Das Leben lässt sich also nicht allein mit „Fakten", Analyse und Statistik erfassen (vgl. Joh. 1,4).

23 siehe auch Psalm 15.

24 Phil. 2,9; vgl. Vollmacht statt Gewalt: Joh. 10,18; 18,36; Kol. 1,13 ff.; Röm. 12,21!

25 vgl. Prinzip 2: Bibel mit Bibel auslegen.

26 Die theologische Mühe lohnt sich! Denn Gottes Heilige Schriften sind laut 2. Tim. 1,13 ein „Muster gesund(machend)er Worte" (griech. Wortstamm: „Hygie"-ne; Nebenwirkungen: nur gute!).
Verbindlich: Der Maßstab „Meter" ist ja auch immer gültig, ob man damit nun in Hamburg am Schiff, in Hawaii am Hotel oder in Peking am Palast arbeitet.
Gesund: Die Bibel ist dem Gläubigen, was die Töne dem Musiker sind, die Steine dem Baumeister und das Alphabet dem Poeten – eine Grundlage mit unendlichen Möglichkeiten! Dazu allerdings muss der Bibelbuchstabe geistlich ausgelegt werden (2. Kor. 3,1-6).
Praktisch: So angewandt, bringt Jesu Rede „Geist und Leben", werden Gottes Schriftworte zum Fitmacher für alle Lebenslagen (Joh. 6,63; 2. Tim. 3,16-17; 2. Kor. 3,6; Joh. 7,17; 7,38 f.). Erst recht, wenn Bibelstellen nach Prinzip 3 gut strukturiert und nicht wild drauflos„gepuzzelt" werden: In Hesekiel 37 wurden erst die geordneten Körperglieder durch den Geist lebendig. Das Auge darf also nicht an die Stelle des Nabels gesetzt oder der Blinddarm mit der Funktion des Herzens überfordert werden.
Halten wir fest: Durch Geist und Tat entfaltet das Wort seine heilsame Lebenskraft. „Die beste Bibelübersetzung waren meine Eltern!", sagte jemand.

27 Heilsgewissheit: Jesus sichert seinen keineswegs immer „artigen" Jüngern das kostbarste Vermächtnis zu! (Lk. 22,24-30, „letztes Abendmahl".)

28 oder neugeboren: vgl. Joh. 3,3 ff.; 1. Petr. 1,23 u. a.

29 Endgültiger, neuer Bund: Mt. 5,17; 11,11 ff.; Kol. 2,17; Hebr. 10,1; Gal. 3,24; 1. Kor. 10,4-6; Hebr. 13,20

30 Erst recht als Leiter (Vollmacht = Dienen, Herz gewinnen, Gemeinschaft). Unsere Auslegung wird übrigens auch durch Jesu Formulierung bestärkt: Er spricht hier nicht von einem „Gebot", sondern vom „Beispiel" oder Vorbild, das uns satten Spielraum lässt.

31 Furchtlose Lehre: Errettung geschieht aus Gnade und Glauben, woraus Werke entstehen. (Eph. 2,8-10; vgl. Röm. 3; Jak. 2) Ohne diese gesunde Grundlage aktiviert man verheerende „Viren"; dann wird und macht der Glaube krank. Also, achten wir auf uns „selbst und die Lehre"! (1. Tim. 4,16)

32 Kommentar zur Bibel III, R.-Brockhaus-Verlag, Paperback 1987, S. 39.

33 Also gibt es schon im AT-Gesetz („Thora" = „Weisung") unverzichtbare Herzstücke, „Pfahlwurzeln", Statik-Teile, an denen das Übrige hängt (Mt. 22,40). Alles aber gipfelt in Christus als der universalen Basis: 1. Kor. 3,11.

Kennen wir nicht auch in unserem Land das Prinzip „Bundesrecht bricht Länderrecht" o. ä.? Ist nicht die Verfassung das Gesetzeswerk, woran sich alles prüfen lassen muss? Spricht das NT nicht oft über Gottes ewige Herzensgesetze, die auch über jede parlamentarische Veränderung erhaben sind? Beispiele: Barmherzigkeit, die sich vor Gericht rühmt, Liebe, die der Sünden Menge deckt (Jak. 2,13; 1. Petr. 4,8; und vieles mehr, hier teilweise schon angesprochen).

Wenn aber statt dessen andere Teile im Leben Vorfahrt erhalten, droht die von Jesus enttarnte Gefahr zweckentfremdeter Paragraphen das Leben zu erdrosseln. Kürzlich, beim Erarbeiten von Richtlinien, fasste es ein Freund so zusammen: „Wir müssen aufpassen, dass Sicherheitsgurte nicht zu Handschellen werden!"

34 Gottes Weg zum vollkommenen Ziel wurde ihm zum dornigen pädagogischen Pfad. (So wird z. B. das Gesetz als provisorische Zwischenlösung und „Erzieher zu Christus hin" bezeichnet: Gal. 3,24 u. a.) Aber auf bravouröseste Weise schafft Gott, was er von jeher im Herzen hatte, durch Jesus Christus.

Ohnehin ist Gottes „Vollkommenheit" nicht „mit dem Lineal gezogen"! Man vergleiche etwa Jesu Worte bei Matthäus (5,48): „Ihr sollt *vollkommen* sein wie euer himmlischer Va-

ter ...!" mit Lukas 6,36: „Ihr sollt *barmherzig* sein ...!" Als wesensgleich mit Erbarmen gelehrt, ist Vollkommenheit also eine Funktion der Liebe! (Weitere Belegstellen: Röm. 13,10; Kol. 3,14; Off. 1,5-6 u. v. a.)
Wie ein Kompass wirkt auch der biblische Begriff „Stimme". Von 2. Mose 19,5 ff bis Joh. 10,27 wirbt der Herr darum, dass wir auf seine Stimme hören, selbst wenn uns zu Anfang die Worte manchmal überfordern mögen. Dazu passt Joh. 1,4: „Das Leben (Jesus) war das Licht der Menschen", also nicht die blanken Dogmen (Lehrsätze). Dogmen sind ein nötiger Zaun, aber nicht die Weide selbst. Welche Folgen für gottgemäße Bibelauslegung!
Diese Befreiung von einer überdrehten, zerstörerischen Genauigkeit zieht sich bis hin zu 1. Joh. 3,20, dass unser Gott sogar größer ist als das selbstverurteilende Herz ...

35 Einheitsübersetzung. Wörtlich: „Von Anfang aber ist es nicht so gewesen."

36 die äußere Freiheit betreffend; wobei die innere Freiheit natürlich Priorität hat.

37 Martin Luther, Auf deutsch gesagt, Bertelsmann

38 So wird aus Information Transformation: umwandeln, umsetzen. (Beispiel Kuh: aus grünem Gras wird weiße Milch – vgl. Ps 1,1-3!)

39 Bis in die letzten Verse der Bibel wirbt unser Herr darum, dass wahre Schriftauslegung mit ihm selbst steht und fällt (Off. 22,13 wörtlich): „ICH BIN das Alpha und das Omega [A – Z] ...!" Jesus ist Basis und Ziel, gleichsam das Wappen- oder „Wasserzeichen" auf jedem Blatt der Bibel.

40 Ohne Namen und Quelle, aus der Erinnerung zitiert.

41 gotteslästerlich

42 (Fall und Heil: Röm. 5, Gal. 4,4 ff., Off. 13,8b.) Der von Gott alles fordernde Erlösungsplan zwischen Gerechtigkeit und Gnade wurde blutige Wirklichkeit im Kreuz † seines Sohnes Jesus, das uns als Symbol aller authentischen – echten – Theologie vor Augen bleiben muss: Der waagerechte Balken (trennende Gerechtigkeit) prallte mit dem senkrechten (herabneigende Liebe) zusammen und wurde zur Er-Lösung und Versöhnung (Röm. 5; Gal. 4; Joh. 12,32; Kol. 1,12-20; 2. Kor. 5,18-21) ...

43 pauschal gesagt

44 Denn Gott will den Himmel für den Menschen; unbewältigte Sünde aber geht da nicht hinein.

45 Gottes Liebe gilt natürlich auch seiner übrigen Schöpfung: Röm. 8,19-22

46 Ist nicht Gott selbst schon ein Team, von der Schöpfung über die Erlösung bis hin zur Vollendung? (Zum Nachprüfen: 1. Mose 1,1-3,26; Mt. 3,16-17; 28,19; Off. 22,1,17) Leib Christi: s. a. Röm. 12; Eph. 1,22! Ist solche Partnerschaft nicht auch beglückender, als nur mit sich selbst beschäftigt zu sein? (Beisp.: Tischtennis stur gegen die Wand oder mit jemand zusammen; Balken sägen allein oder gemeinsam; u. v. ä.)

Und führt uns nicht das große Geheimnis der Ehe und Familie auf eine ähnliche Spur, nämlich zur Herrlichkeit eines ergänzenden Miteinanders, wie es kreativer nicht geht: 1 (Ganzes) + 1 (Ganzes) = 3 (Ganze)? (Die Spur führt u. a. über folgende Bibelstellen bezüglich Mann und Frau, Christus und Gemeinde, zum Himmel: Eph. 5,31-32; Joh. 19,34; Apg. 20,28 Off. 19,6 ff. ...)

47 vgl. 1. Kor. 7,1 u. a.

48 Wir könnten auch vom (irdischen) „Wohl" der Menschen sprechen, im Kontrast zum (ewigen) Heil!

49 Gegensätzliche Obrigkeit (1. Kor. 6 / Röm. 13): vgl. auch die Wechselbäder in Apostelgeschichte; und schließlich in Offenbarung 13 (bis 18) das endzeitlich antichristliche, politisch-religiöse Bündnis ...

50 Auch wenn uns diese Worte Jesu meist an Erfahrungen mit Nichtchristen erinnern, machen sie natürlich nicht Halt vor der Ausnahme, nämlich schlimmen Erbitterungen unter Christen.

51 Glaube überlappend, erster Teil: z. B. Mk. 11,24; zweiter Teil: z. B. Jud. 3. (Neben Bekenntnis oder Zeugnis können auch Antwort, Rechenschaft und gar Verteidigung zu den Möglichkeiten eines gelebten Glaubens zählen: Apg. 2,14 ff.; 1. Petr. 3,15; Apg. 4,12.20; 22,1 [„Apologie"].

52 Dass Gottesliebe der Kern von allem andern Guten ist, trifft den Punkt wohl noch stärker. Deshalb müsse man, sagte jemand, auf Gottes Herz „zielen" wie ein Hirschjäger, dann bekomme man das „Geweih" der übrigen Wohltaten und Erkenntnisse dazu (vgl. Mt. 6,33; Joh. 7,17; Mt. 7,24 f.).

Doch Gottes Liebe und somit das Leben (Joh. 17,3) „treffen" wir nur, indem wir uns darauf einlassen. Auch seine Wahrheit entschlüsselt sich allein über die persönliche Beziehung: Hebräisch ist „Wahrheit" gleich „Treue" (vgl. Gottes „Bund"),

und „Erkenntnis“ umschreibt eine tiefe Begegnung (1. Mose 4,1). In dieser Art Glauben (Hebr. 11) erlebten Abraham, Maria usw. Gottes Liebe, Kraft und Wahrheit. – Fazit: Eine Bibelausgabe in ♥ Herzform – das wär's!

53 „Glaube“: griech. auch „Treue“. – Übersetzung: nach Hans Bruns.

54 🕮 Viele solche Kernsätze mit mehreren Gliedern (2-9) zielen wie Kimme und Korn auf tiefere Gotteserkenntnis. Da wäre z.B. die Zusage von Gottes „Geist der Kraft + Liebe + Umsicht“ (2. Tim. 1,7), um Seine „Schrift + Stärke“ zu entdecken (Mt. 22,29). Das spannende Panorama wird durch folgende Auswahl angedeutet: 1. Mose 1,1-3.26; 1,27; Jos. 1,7b; 2. Mose 20,12; 34,6; Ps. 37,4-5; 50,15; Pred. 4,12; 8,9 / Off. 7,14b; Hohel. 4,16; Jes. 9,5; Mich. 6,8; Sach. 12,10; Mt. 3,11; 6,10b; 13,37-39; 13,47; 13,52; 23,23; 28,19b; Mk. 1,15; 3,14; 6,52 / 8,17-21; 12,30-31; Lk. 2,40.52; 13,29; Joh. 1,17; 3,5; 3,16; 4,12.23-24; 6,63; 6,69 / Mt. 16,15; Joh. 14,6; 14,27a; 16,8b; Apg. 2,38; 2,39; 2,42; 9,7 / 22,9 / 26,14; 13,52; Röm. 3,23-24; 6,23; 8,2; 12,2b; 12,4ff. 13,12; 14,17; 1. Kor. 4,20; 11,26; 13,13; 2. Kor. 12,4-6; 12,20; 12,28; 13,13; Gal. 2,20; 3,28; 5,6b; 5,22; Eph. 2,9-10; 2,14 / Lk. 2,14; 2. Tim. 2,22; 4,4-6; 4,11ff.; 6,10ff.; Phil. 3,10; Kol. 3,15-17; 1. Thess. 5,23; 1. Tim. 2,5; 3,16; Hebr. 5,14 / 1. Kor. 12,10; Jak. 2,17; 1. Petr. 5,8 / Off. 5,5-6; 2. Petr. 1,3-7; 1. Joh. 5,5-8; Off. 1,6; 1,8; 1,16.20; 4,3 / 22,5; 5,8; 5,9; 5,13; 12,9; 12,10; 12,11; 15,3; 17,14; 19,11.13; 21,12-13; 14, 22,3; 22,13; 22,17a.

Zugegeben, all das ist viel „Holz“ für eine Fußnotenliste, manchem aber vielleicht eine willkommene Ergänzung oder Anregung.

☛ Am Ende noch ein Ausblick auf manches hier nur Angetippte, was aber jeder freudig selbst aufgreifen und verarbeiten darf: Jesu Lebensweise und „Theologie des Zimmermanns“ weist noch viele andere Facetten auf und hat sich in der Geschichte seiner Gemeinde als „Lehre der Apostel“ grundlegend fortgesetzt und weiter ausgeprägt (Apg. 2,42; vgl. auch Eph. 2,20):

- Mit seinem Vater (Gott) sprach Jesus ganz oft. • Seine Zuhörer holte er auf vielerlei Art ab. • Provozierend und motivierend zum eigenen Mitdenken, Entscheiden und Verändern, appellierte er an ihre Einsicht durch Rätsel und Bilder, Kombination und Folgerung, Humor, Rückfragen und begleitende

Kraft. Stets wollte er sein Gegenüber zu eigenem Profil führen (z. B. „Was meint ihr ...?“ Mt. 18,12 ff.; vgl. Lk. 10,26.36-37 u.v. a.). • Seine Jünger nahm er mit hinein in Herausforderungen, machte Lösungswege vor und übertrug ihnen Vollmacht zur gleichen Qualität göttlichen Lebens (Lk. 8,51;10,19;23,39 ff.; Mt. 11,29; Joh. 20,21).

- Quelle dafür ist ein permanentes Nehmen und Geben: (a) bei ihm sein und (b) sich von ihm aussenden lassen (Mk. 3,14), Leben in Seinem Hl. Geist (Joh. 14,16-19; 15,26-27; 16,13-15, Eph. 5,18 b; Eph. 3,18; 2. Tim. 3,16 a – Bibelautor!), was auch gravierend dazu beiträgt, die Hl. Schrift richtig zu lesen (vgl. das bekannte Beispiel „Blumentopferde“: „Blumento-Pferde“ oder „Blumentopf-Erde“?). Denn auch die göttlich inspirierte Botschaft braucht jene intakte Dreifach-Richtschnur: Inhalt – Übermittlung – Empfänger!
- Die gelingende Anwendung seines Vorbilds, seiner Kraft und Hingabe haben Jesu Jünger dann auch erfahren! (Mt. 11,29; Mk. 16,15-20; vgl. Phil. 3,17). Und dieser Weg (Apg. 24,14-15) bleibt lohnend, bis heute und darüber hinaus 🧍 🌍 ✞ 🕊 🧍 ...

Weitere Bücher von Uwe Schäfer
in der Leuchter Edition

Uwe Schäfer
Es ist Krieg

und es wäre nicht gut, das zu ignorieren

Paperback • 140 Seiten • Bestell-Nr. 547.257 • ISBN 3-87482-257-5
€ 9,95 • Preisänderungen vorbehalten

Warum solch ein kriegerischer Titel für ein Buch über den christlichen Glauben?
Das Reich Gottes ist doch Gerechtigkeit und Friede und Freude im Heiligen Geist - oder etwa nicht? Doch, genau das - und eben darum steht es in einem kosmischen Konflikt mit Mächten, die gerade das Gegenteil von Gerechtigkeit und Friede und Freude zu ihrem Ziel gemacht haben.
Über diesen Konflikt schreibt Uwe Schäfer in seiner gewohnt lebensnahen und eingängigen Art. Denn es ist wichtig, dass wir wissen, in welche Konflikte wir eingebunden sind, wenn wir unter der Königsherrschaft Gottes stehen. Sonst könnte es uns leicht passieren, dass wir „auf dem falschen Fuß" erwischt werden und als Einzelne oder als Gemeinde Schaden erleiden.

Uwe Schäfer
Lebe deine Berufung

mit Frucht und Leidenschaft

Taschenbuch • 96 Seiten • Bestell-Nr. 547.518 • ISBN 3-87482-518-3
€ 7,00 • Preisänderungen vorbehalten

Viele Christen, die schon lange Gott dienen haben Freude und Schwung verloren und übrig blieb nur das Pflichtbewusstsein, das sie antreibt. Darin gleichen sie dem älteren Bruder aus dem Gleichnis vom verlorenen Sohn.
In „Lebe deine Berufung" beleuchtet Uwe Schäfer solche Fehleinschätzungen, wie es dazu kommen kann und wie sie sich auswirken. Was aber noch wichtiger ist, er weist den Weg zu einem neuen Erfassen der großartigen Berufung, die uns in Christus gegeben ist.
Es ist herrlich, seine Lebensberufung zu entdecken und nicht jemand anders sein zu müssen.

Mit einem Vorwort von Bill Wilson

Bitte fragen Sie in Ihrer Buchhandlung nach diesen Büchern!
Oder schreiben Sie an: Leuchter Edition GmbH, Postfach 1161, D-64386 Erzhausen
E-Mail: verlag@leuchter-edition.de, http://www.leuchter-edition.de